Kavalkade
Ratgeber

Ulrike und Christiane Gast

Grundlektionen & Hufschlagfiguren

KOSMOS

Reitbahn & Grundsätzliches

Hufschlagfiguren & Lektionen auf geraden Linien

Hufschlagfiguren & Lektionen auf gebogenen Linien

Mini ABC

Serviceteil

Reitbahn & Grundsätzliches

Die Reitbahn und ihre Abmessungen

Zum Reiten kann jede Größe von Halle oder Platz mit entsprechendem Belag genutzt werden, die es ermöglichen, ein Pferd in allen drei Grundgangarten problemlos zu arbeiten.

Sollen nun aber korrekte Hufschlagfiguren geritten bzw. erlernt werden, ist es zwingend notwendig eine rechteckige Reitbahn zur Verfügung zu haben, die eine Größe von etwa 20 x 40 m nicht wesentlich unterschreiten sollte.

Die Größe hat einen entscheidenden Einfluss auf das richtige/korrekte Reiten von Hufschlagfiguren, denn diese haben auch ihre Abmessungen, die eingehalten werden müssen, aber dazu später.

Die Ausbildung von Reitanfängern sollte zweckmäßigerweise in einer Reithalle stattfinden, da der „geschlossene Raum“ dem Reitschüler ein hohes Maß an Sicherheit vermittelt und außerdem weder Pferd noch Reiter durch äußere Einflüsse abgelenkt werden. Steht ausschließlich ein Reitplatz im Freien zur Verfügung, z.B. in Verbindung mit Robustpferdehaltung, ist das aber auch überhaupt kein Problem. Auch wenn sich Reiter & Ross hier draußen automatisch heimisch fühlen, sollte die Reitbahn sicher abgegrenzt und – wie schon erwähnt – möglichst rechteckig sein. Angemessen ist es auch im Freien, das Dressurviereck mit Bahnpunkten zu versehen.

Apropros Bahnpunkte – sie dienen (genauso wie die Bahnregeln) der allgemeinen Verständigung – ähnlich wie die Straßenverkehrsordnung!

Im Gegensatz dazu – wenn einmal begriffen – viel leichter kritiklos zu befolgen und anzuwenden.

„Mehr als jede andere Kunst ist die hippische mit den Weisheiten des Lebens verbunden. Viele ihrer Grundsätze können jederzeit als Richtlinien für das Verhalten im Leben dienen.“ Alois Podhajsky (von 1939-1964 Direktor der Spanischen Hofreitschule Wien)

Abmessungen

Üblicherweise – oder besser gesagt in den meisten Fällen – wird auf einem Dressurviereck oder in einer Reithalle mit den Maßen 20 x 40 m geritten. Es gibt aber noch ein weiteres offizielles Maß für Dressurprüfungen und zwar 20 x 60 m.

Zum besseren Verständnis und zur Orientierung hier die beiden offiziellen Dressurvierecke (bzw. Reithallenmaße).

Das Dressurviereck

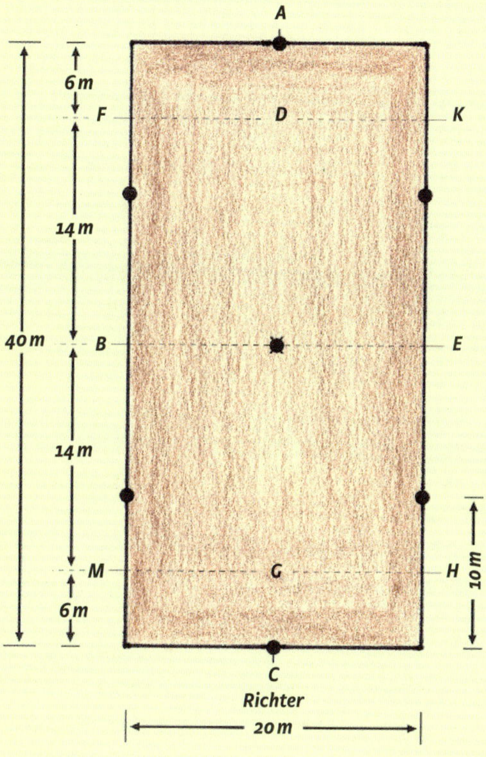

Ähnlich wie bei dem **Dressurviereck 20 x 40 m** sind auch die Bahnpunkte bei dem 20 x 60 m Viereck angeordnet:

- Die Bahnpunkte (Wechselpunkte) M, F, K & H sind bei beiden Vierecken 6 m aus der Ecke (von der kurzen Seite) entfernt.
- Die Punkte E & B halbieren beide Vierecke.
- Die unsichtbaren Punkte X, D & G sind weiterhin auf gleicher Höhe angeordnet.

Wie, Sie können mit diesem „Buchstabensalat“ nichts anfangen und sich schon gar nicht merken, welcher (sichtbare) Punkt wo liegt?

Merktipp

Mein **B**ester **F**reund **A**nton **K**ann **E**inen **H**eben, **C**herio!

Zum besseren Verständnis sei hier noch erwähnt, dass es sowohl einen ersten, einen zweiten und einen dritten Hufschlag gibt:

- Der 1. Hufschlag verläuft direkt längs der Bande bzw. der Reitplatzabgrenzung!
- Der 2. Hufschlag liegt genau um eine Hufschlagbreite weiter nach innen!
- Der 3. Hufschlag liegt noch einmal um diese Breite weiter Richtung Bahnmitte!

Achtung

Bei Begegnungen lieber etwas mehr Platz lassen, manche Pferde (bes. junge, unerfahrene) haben noch etwas Angst im „Begegnungsverkehr“!!!

„Begegnung auf zwei Händen"

Bei dem größeren Viereck kommen allerdings noch folgende Punkte hinzu: P, R, S & V an den langen Seiten und L & I als unsichtbare Punkte auf der Mittellinie.

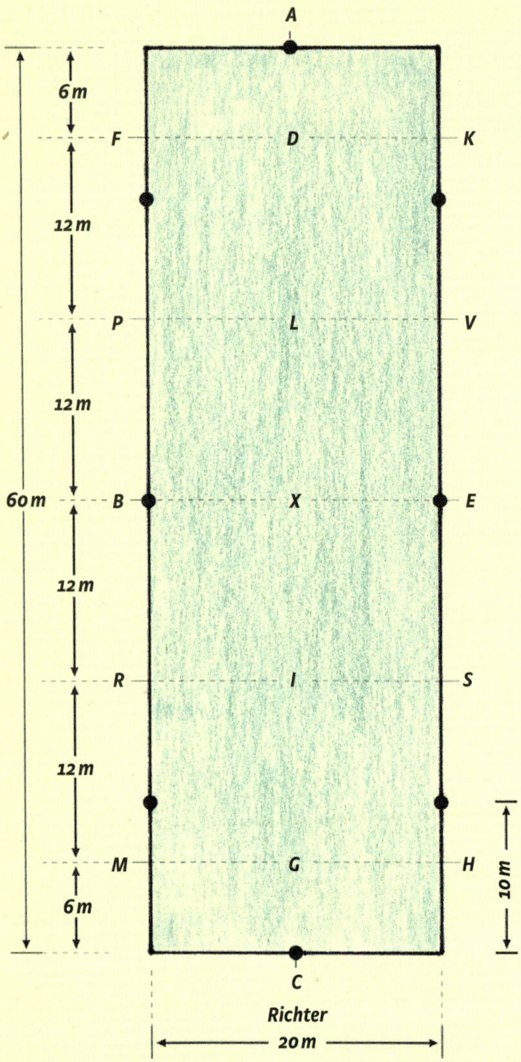

Es ist natürlich nicht zwingend nötig auf einem Reitplatz oder in einer Reitbahn mit offiziellen Maßen zu reiten. Es ist jedoch erheblich leichter, um die Bahnfiguren mit den entsprechenden Ausmaßen zu erlernen, denn diese richten sich – wie bereits erwähnt – nach den o.g. Reitbahnabmessungen.

Aber nicht nur die Hufschlagfiguren sind zu erlernen. Um sich in der Reitbahn auch mit mehreren Reitern gleichzeitig zu orientieren bzw. zu arrangieren ist es von allergrößter Wichtigkeit, die Bahnregeln zu beherrschen. Nur so ist es möglich, das eigene Pferd auch mit mehreren anderen Aktiven gleichzeitig konzentriert reiten zu können, ohne sich gegenseitig zu behindern. Nur so werden Unfälle mit entgegenkommenden oder in einer höheren Gangart reitenden Reitern von vorneherein ausgeschlossen.

Bahnregeln

Die nun folgenden Bahnregeln müssen also – safety first – jedem Reiter bekannt sein:

- **Beim Betreten oder Verlassen der Reitbahn ist vorher mit dem Ruf „Tür frei“ nachzufragen, ob die Tür/das Tor gefahrlos geöffnet werden kann und erst durch Abwarten der Antwort „Tür ist frei“ des in der Bahn befindlichen Reiters oder Reitlehrers kann die Bahn betreten oder verlassen werden.**
- **Das Auf- und Absitzen sowie das Halten zum Nachgurten erfolgt immer in der Mitte eines Zirkels bzw. auf der Mittellinie – allerdings nicht gerade auf dem Bahnmittelpunkt „X“, denn viele Wege (Hufschlagfiguren) treffen/kreuzen sich genau an diesem Punkt.**
- **Ein ausreichender Sicherheitsabstand nach vorne (mind. eine Pferdelänge, d.h. 2,40 m) und genügend Zwischenraum zur Seite (mind. 2,50 m) muss immer eingehalten werden.**
- **Reiten auf beiden Händen (also sozusagen links herum und rechts herum) alle in der gleichen Gangart, so müssen die, die auf der rechten Hand reiten, ausweichen.**
- **Die höhere Gangart hat „Vorfahrt“, d.h. Schrittreitende lassen trabenden und galoppierenden Reitern den Hufschlag frei und ebenso trabende Reiter den Galoppierenden.**

- **Es sollte immer erst auf dem 2. oder 3. Hufschlag durchpariert werden zum Schritt oder gar zum Halten, um „Auffahrunfälle" zu vermeiden.**
- **Ganze Bahn geht immer vor Zirkel, d.h. auch wenn ein Reiter auf der rechten Hand ganze Bahn reitet und ein Reiter auf der linken Hand auf dem Zirkel galoppiert, hat der erstgenannte Vorfahrt. (Dieses klingt kompliziert, aber geht genau wie der Gebrauch von Gas, Kupplung und Bremse ganz schnell in Fleisch und Blut über!)**
- **Longiert werden sollte grundsätzlich nicht, wenn schon mehr als 3 Reiter gleichzeitig trainieren und dann auch nur nach deren Erlaubnis.**

Im Regelfall sind die Reitplätze der Reitervereine oder Pferdebetriebe (die Reithallen durch die Bande sowieso) mit einer entsprechenden Umzäunung versehen, die den sicherheitstechnischen Vorschriften entsprechen und auch zweckmäßig sind. Darauf sollte aber auch jeder, der sich zu Hause eine Reitmöglichkeit schafft, ebenfalls achten.

Im Normalfall ausreichend: solide (doppelreihige) Holzeinzäunung!

Bei jungen Pferden, die Anlehnung an die Umzäunung suchen, weil sie noch nicht ausbalanciert sind, oder bei unerfahrenen Reitern, die die Pferde auch noch nicht in jeder Situation beherrschen, ist es sinnvoll, eine höhere Absperrung zu wählen.

Einzäunung, die Eindruck macht!

Wichtig ist aber nicht nur die Größe des Platzes oder dessen Abmessung oder der Reithalle, sondern insbesondere auch die Bodenverhältnisse. Der Boden sollte ebenmäßig und nicht allzu stark von der Witterung abhängig sein (wobei auch mal das Reiten bei trockenem Wetter auf einer Weide für die Trittsicherheit sehr dienlich sein kann, denn auf den Reitturnieren sind nicht alle Abreiteplätze optimal oder mit dem gleichen Boden versehen wie der Turnierplatz). Die Tretschicht darf nicht zu tief sein (das greift fast immer Bänder und Sehnen an), aber auch nicht zu stumpf (das geht nachhaltig zu Lasten der Gelenke). Im Idealfall sollte die Tretschicht etwas federn, um die Pferdebeine nicht zu belasten und dem Reiter ein angenehmes Sitzgefühl zu vermitteln, denn auf schlechtem Boden lassen sich die Pferde oft nicht los im Rücken und das führt unweigerlich zu „Körperkommunikationsproblemen". Sind nun die entsprechenden reitbahntechnischen Trainingsvoraussetzungen geschaffen, kann mit dem Erlernen der Hufschlagfiguren auf geraden und gebogenen Linien sowie der Lektionen begonnen werden.

Wir fanden diese Unterteilung übrigens am überschaubarsten bzw. sachbezogensten, da so wirklich alle verbindenden Elemente nicht unnötig häufig wiederholt werden mussten und der/die LeserIn aus allen Teilchen ganz schnell selbst ein ansehnliches Puzzle produzieren kann.

> **Merke**
> An dieser Stelle möchten wir außerdem wieder einmal daran erinnern, dass das geschulte Pferd der beste Lehrmeister ist und auf ein junges Pferd ein erfahrener Reiter gehört.

Zusammen sind wir 30!

„Stellen & Biegen"

Stellung bedeutet, dass das Pferd seinen Kopf im Genick (= Gelenk zwischen Kopf und Hals) seitlich wendet und zwar so weit, dass der Reiter von oben (ohne seine „Sitz-Position" zu verlassen) den inneren Augen- und Nüsternrand schimmern sieht. Der Mähnenkamm des **losgelassenen** Pferdes kippt leicht zu der Seite, zu der das Pferd gestellt ist. Das Pferd bleibt ansonsten in sich gerade – die Wirbelbrücke (Längsachse) ist an der Stellung nicht beteiligt.
Egal ob der Reiter auf der linken oder rechten Hand reitet, die Seite nach der das Pferd gestellt ist, wird immer als innere, die andere als äußere bezeichnet.

Stellung links

Stellung rechts

Erreicht wird die korrekte Stellung, indem der **innere Zügel etwas verkürzt** wird, der **äußere Zügel** (ohne die Anlehnung aufzugeben) entsprechend **vorgibt, beide Gesäßknochen gleichmäßig belastet** werden und **beide Schenkel vorwärts treibend** einwirken.

> **Achtung**
> Wenn der äußere Zügel nicht vorgibt, also die Stellung nicht zulässt, kommt es zum fehlerhaften Verwerfen im Genick. Das ist daran zu erkennen,

dass das Pferd den Kopf schief hält und die beiden Ohren nicht mehr auf gleicher Höhe stehen.
Wird die Stellung durch Ziehen am inneren Zügel gefordert, wird das Pferd nur im Hals zusammengezogen und ein richtiges Vor- und Untertreten des inneren Hinterfußes ist nicht mehr möglich!!!

Merke
Beim Handwechsel muss das Pferd von der einen auf die andere Seite umgestellt werden, dieses kann nur korrekt geschehen, wenn der Reiter unter Beibehaltung der treibenden Gewichts- und Schenkelhilfen das Pferd zunächst geradeaus stellt und dann erst die neue Stellung fordert.

Biegung bedeutet eine Krümmung der gesamten Wirbelbrücke (Längsachse s.u.). Sie kann nur im weitesten Sinn „gleichmäßig" sein, da die Wirbel unterschiedlich beweglich sind. So sind sie im Bereich des Halses am beweglichsten, im Bereich der Brustwirbel begrenzt biegsam und im Bereich des Kreuzbeins starr.

Um diese gewisse „Gleichmäßigkeit" wenigstens für den Betrachter in etwa hinzubekommen, darf der Reiter das Pferd im Hals nicht zu stark abstellen, sondern muss auf eine besonders gute Biegung im Bereich der Rippenpartie um den inneren Schenkel achten. Das Pferd ist immer so gebogen, wie die Linie auf der es geht.

Die Biegung wird durch vermehrtes **Belasten des inneren Gesäßknochens** erreicht, der **innere Schenkel treibt am Gurt** (den gleichseitigen Hinterfuß vor), der **äußere Schenkel liegt verwahrend eine Handbreit hinter dem Gurt** und verhindert ein Ausfallen der Hinterhand. Der **innere Zügel stellt** das Pferd (s.o.) und führt das Pferd in die Wendung hinein, der **äußere Zügel lässt die Stellung und Biegung zu**, verhindert aber auch gleichzeitig eine zu starke Halsabstellung und begrenzt die Schulter.

Merke
Es ist also durchaus möglich (und nötig z.B. beim Schenkelweichen s.u.) ein Pferd zu stellen ohne zu biegen, aber es gibt keine Biegung ohne Stellung.

Grundsätzliches, an das er, sie, es sich von Zeit zu Zeit erinnern sollte

Bevor wir im nächsten Kapitel zu den Hufschlagfiguren und Lektionen auf geraden und gebogenen Linien kommen, hier nun komprimiert ein Dutzend Aspekte, die grundsätzlich gelten:

Reiter-Fehler können viele Ursachen haben (z.B. Angst, Überforderung, Konditionsmangel, Koordinationsschwächen, Konzentrationsdefizite, unvollständige oder gar falsche Bewegungsvorstellung bis

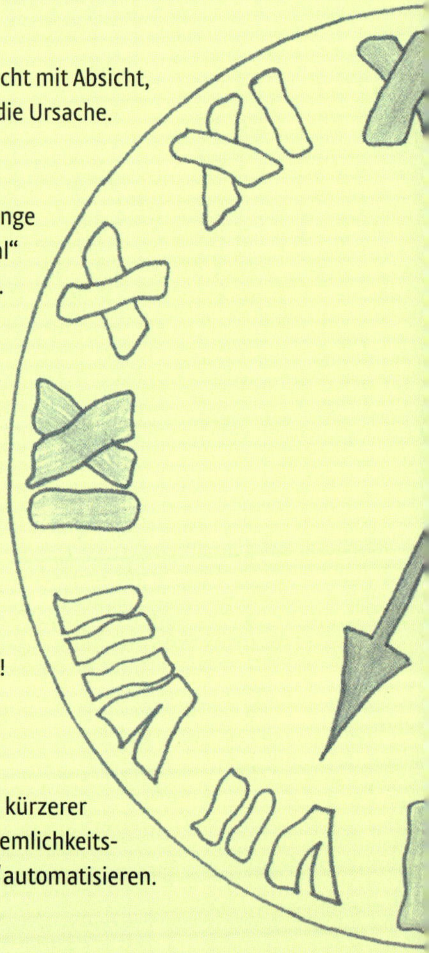

Fehler macht das Pferd nicht mit Absicht, meist sind Missverständnisse die Ursache.

Gemeinsam mit Gleichgesinnten machen Training und Lehrgänge nicht nur viel mehr Freude, sie stärken auch das „Wir-Gefühl“ und helfen über die eine oder andere Klippe hinweg.

Genießen Sie (Teil-)Erfolge und nutzen Sie Lehrgänge und Medien (auch sportliche Grundlagen betreffend), um Lernen/Üben/Trainieren zu optimieren.

Wenn Sie (beruflich oder privat) wenig Zeit zum Üben/Reiten haben, sollten Sie sich realistische (Teil-)Ziele setzen!

Üben/Trainieren unter sachkundiger Anleitung bringt in kürzerer Zeit meistens viel weiter und verhindert, dass sich „Bequemlichkeitsfehler“ einschleichen/automatisieren.

Neben der Vorgehensweise „vom Leichten zum Schweren“ sollten Sie – mit Rücksicht

hin zu Motivationsabschleifung oder gar -verlust) und sind – wenn wir einmal ganz ehrlich sind – zu einem wesentlich höheren Prozentsatz „Schuld“ an schlechten Bildern und Fehlversuchen.

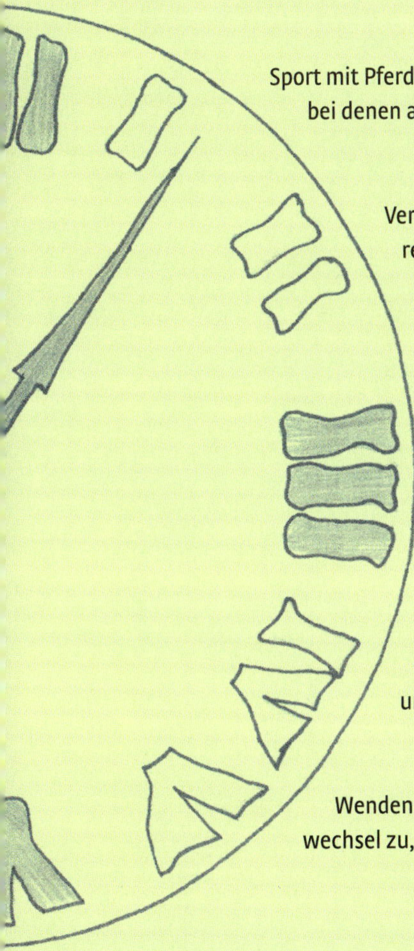

Sport mit Pferden (und Hunden) sind die einzigen Sportarten, bei denen auch der Partner handelt, fühlt und denkt.

Verlangen Sie nie zu viel (auf einmal) von sich und erst recht nicht von Ihrem Pferd (jeder/s hat schließlich ein anderes Ausgangsniveau!).

Lernen ist von vielen Faktoren abhängig und gelingt nicht jeden Tag gleich gut.

Variieren Sie Trainingsort und -zeit und beziehen Sie auch andere Übungsformen (z.B. Longieren oder Geländeritte) mit ein, um Exterieur und Interieur perfekt zu unterstützen/ergänzen.

Wenden Sie sich erst dann komplexen Übungen/Richtungswechsel zu, wenn die einfachen „blitzsauber“ funktionieren.

auf das Ross – möglichst an Bekanntem anknüpfen, um Unbekanntes zu praktizieren.

... und wenn Sie sich diese Aspekte von Zeit zu Zeit in Erinnerung rufen, dann dürfte das korrekte Reiten von Hufschlagfiguren und Lektionen auf geraden und gebogenen Linien eigentlich kein Problem darstellen.

Hufschlagfiguren & Lektionen auf geraden Linien

Bevor wir nun näher auf die Hufschlagfiguren eingehen, die das Viereck „ausfüllen", hier nun als Erstes die Hufschlagfigur, die meistens vergessen wird bzw. oft gar nicht als solche angesehen wird:

Die Ganze Bahn

Das Reiten der „Ganzen Bahn" in korrekter Stellung und Biegung ist – genauer betrachtet oder bewusst geritten – gar nicht so einfach und viel mehr als sich „nur" außen herum tragen zu lassen, d.h.:

An den *langen* und auch an den *kurzen Seiten* ist das Pferd weder gestellt noch gebogen (außer im Galopp, da bleibt das Pferd auch auf der ganzen Bahn leicht gestellt und auch gebogen, da wir es beim Galoppieren mit einer einseitigen Gewichtshilfe zu tun haben). Das bedeutet, im Schritt und Trab werden beide Gesäßknochen gleichmäßig belastet und beide Schenkel treiben (am Gurt liegend) mit **gleicher** Intensität vorwärts an die ruhig anstehenden Zügel heran, die ebenfalls rechts und links **gleichermaßen annehmen und nachgeben** und das Pferd im Genick gerade halten (also dadurch keine Stellung hervorrufen). Die „Ganze Bahn" hat jedoch nicht nur 2 lange und 2 kurze Seiten, sondern auch noch 4 Ecken, die es zu durchreiten gilt. Das Durchreiten der Ecke entspricht einem *Viertelkreisbogen einer Volte* (Genaueres dazu S. 29) Das Pferd muss daher entsprechend gebogen und gestellt sein, je nach Ausbildungsstand werden die Ecken mehr oder weniger tief ausgeritten.

Während bei ganz jungen Pferden bzw. solchen, die gerade angeritten werden, „Ganze Bahn" im Bereich der „Hallenecken" eher an das Reiten auf dem Zirkel erinnert, gilt für die Teilnahme am Turnierdressursport: „Je höher der Ausbildungsstand, desto tiefer hinein in die Ecke." Bei den Anforderungen der Klasse E und A würde die Voltengröße einem Durchmesser von 10 m entsprechen, bei den Klassen L und M entspricht der Viertelkreisbogen einer 8 m-Volte bis hin zu einer 6 m-Volte bei Dressurprüfungen der Klasse S.

Merke

Je kleiner die Volte/der Viertelkreisbogen desto mehr Längsbiegung beim Pferd.

Bevor der Reiter die Ecke durchreitet, gibt er eine halbe Parade (zum Aufmerksam machen – Achtung: Paraden sind immer das Zusammenspiel aller Hilfen und keine bloßen Zügelhilfen). Er stellt das Pferd nach innen (in die Bewegungsrichtung) und zwar mit dem inneren Zügel so weit, dass er inneren Augen- und Nüsternrand schimmern sieht (s.u.) – der verwahrende äußere Zügel lässt die Stellung zu, verhindert aber gleichzeitig eine so genannte Halsabstellung, denn die Stellung erfolgt nur im Genick!

Gleichzeitig verlagert er sein Gewicht vermehrt auf den inneren Gesäßknochen (einseitig belastende Gewichtshilfe), der **innere** Schenkel befindet sich treibend am Gurt und der **äußere verwahrend** hinter dem Gurt und verhindert ein seitliches Wegtreten der Hinterhand.

Aus der Ecke heraus stellt der Reiter sein Pferd wieder gerade aus, d.h. er setzt alle Hilfen (Zügel-, Gewichts- und Schenkelhilfen) wieder mit gleicher Intensität ein (innen wie außen).

Merke

Das Geradestellen nach Durchreiten der Ecke gilt insbesondere auch für die relativ „kleinen Teilstücke" an der kurzen Seite!!!

Tipp

Um ein Bewusstsein für das korrekte Durchreiten der Ecken zu entwickeln (dem Reitanfänger also von vorneherein den richtigen Weg zu weisen), aber auch um „oberflächliches Reiten" zu vermeiden, kann der Hufschlag in diesem Bereich mit anders farbigem Sand oder Spänen oder mit einer Kegel-, Blockgasse markiert werden.

Immer wieder hilfreich: optische Hilfen

Die Halbe Bahn

Ähnlich ist die Hilfengebung auch bei der „Halben Bahn", hinzu kommt hier allerdings, dass das Pferd auf der Verbindungslinie von B nach E oder auch umgekehrt keine Anlehnung an die Bande oder Einzäunung hat. Somit kommt den äußeren Hilfen eine noch größere Bedeutung zu (s.u.) bzw. der Koordination aller Hilfen, damit das Pferd nicht anfängt zu „schwanken" und die gewünschte gerade Linie verlässt.

Damit das Pferd in den Ecken an der offenen Seite nicht nach außen über die Schulter wegläuft und die Hinterhand seitwärts tritt, sind in diesem Fall die *diagonalen Hilfen*, die dem Pferd die Längsbiegung geben, ganz sorgfältig einzusetzen.

Und hier zum besseren Verständnis bzw. zusammenfassend das Ganze noch einmal von oben:

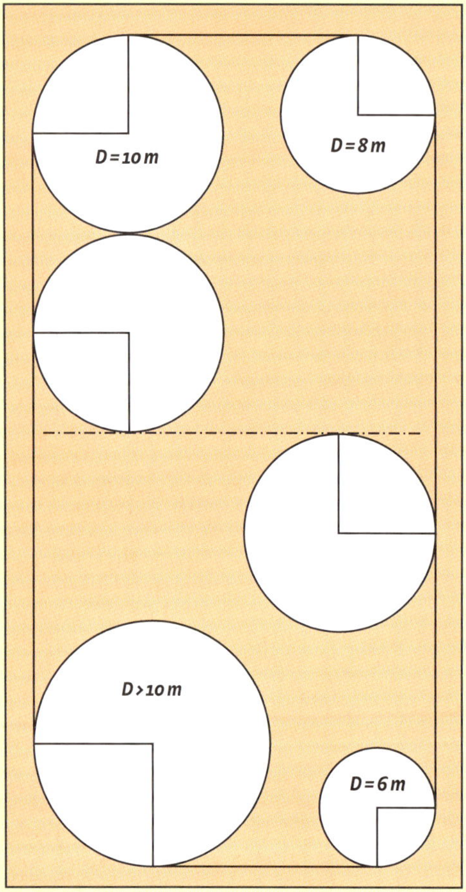

Merke

Die Hufschlagfiguren aus der Vogelperspektive zu betrachten erhöht das räumliche Vorstellungsvermögen der meisten Reiter und dient somit auch der korrekten Ausführung bezüglich Ausmaß (Anfangs- & Endpunkt) sowie Hilfengebung.

Und das verraten uns die Größen der Viertelkreisbogen in den Ecken (s. Skizze) auch noch:

- **unten links:**
  Im Anfänger- & „Youngster"-Bereich (meist noch in Außenstellung geritten – zu wenig innerer Schenkel und zu viel äußerer Zügel bzw. (noch) nicht durchkommende Gewichts-, Schenkel- & Zügelhilfen).
- **oben links:**
  Anforderungen der Klassen E – A (erfordert/erreicht durch eine leichte Längsbiegung beim Pferd und korrekte Hilfengebung vom Reiter).
- **oben rechts:**
  Anforderungen der Klassen L – M (erfordert eine genügende Längsbiegung beim Pferd und eine punktgenaue & genau dosierte Hilfengebung vom Reiter).
- **unten rechts:**
  Etwas für „Geübte" mit ganz durchlässigen Pferden, denn bei dieser (Volten-)Größe ist die Längsbiegung beim Pferd – rein anatomisch – ausgereizt!
- **mittig:**
  So sollte das im Bereich der Klassen E – A bzw. L – M („unten") bei der Halben Bahn aussehen.

Merke

Weniger ist zu Anfang **mehr**!!! Wird das „durch die Ecke reiten" mit den Zügeln in falscher Stellung und Biegung erzwungen (und ständig wiederholt), ist es schwierig so einen Fehler wieder abzustellen, da im Extremfall bereits automatisiert. Nicht umsonst wird dem Ausbildungsstand entsprechend mehr oder weniger tief durch die Ecke geritten und so von Reiter & Pferd nur wirklich Leistbares abverlangt!

Weitere Hufschlagfiguren auf geraden Linien sind:

A) durch die Ganze Bahn wechseln
B) durch die Halbe Bahn wechseln
C) durch die Länge der Bahn wechseln
D) durch die Länge der Bahn geritten
E) Abteilung rechts/links um
F) Anfang rechts/links um

Zum richtigen Verständnis sei hier gleich noch gesagt, dass „durch die Halbe Bahn wechseln" nicht nur von M nach E geritten werden kann, sondern auch von F nach E, von K nach B und von H nach B. Ebenso sieht das bei „durch die Ganze Bahn wechseln" aus. Z. B. von M nach K, weitere Möglichkeiten sind von K nach M und von F nach H und umgekehrt von H nach F. Bei „durch die Länge der Bahn wechseln" bzw. geritten besteht ebenfalls noch auf entgegengesetzter Linie also von A nach C und nicht nur wie gezeichnet von C nach A zu reiten.

Tipp

Harkt die Halle doch einmal ganz durch oder erobert sie direkt nachdem der Bahnplaner darin war und lauft einige Bahnfiguren zu Fuß ab. Sicher werdet ihr merken, dass es schon mit nur 2 Beinen gar nicht so einfach ist „auf geradem Kurs" zu bleiben.

A)

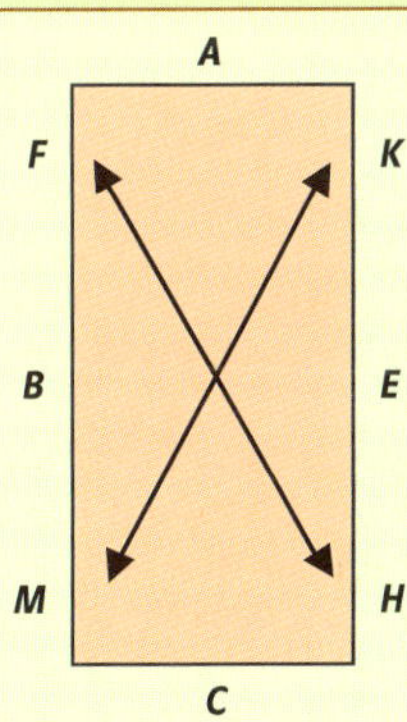

B)

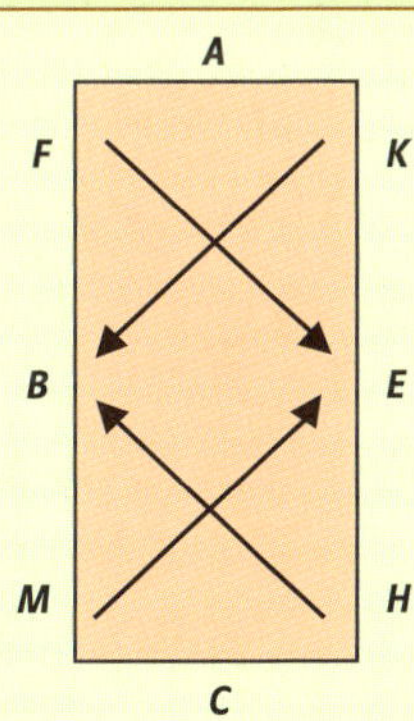

C)

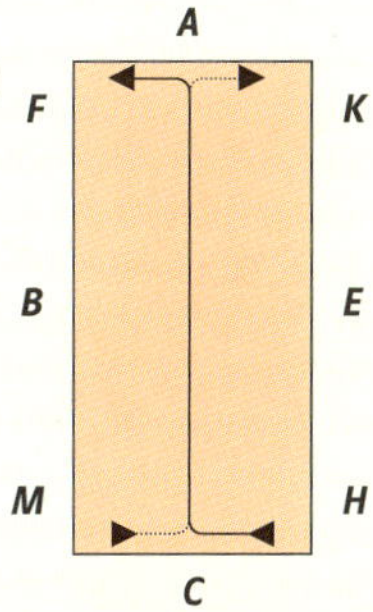

D)

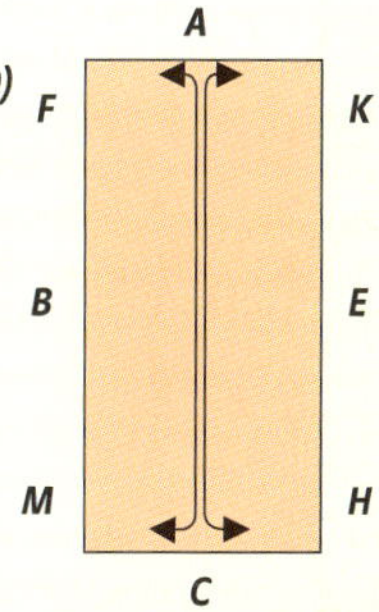

E)

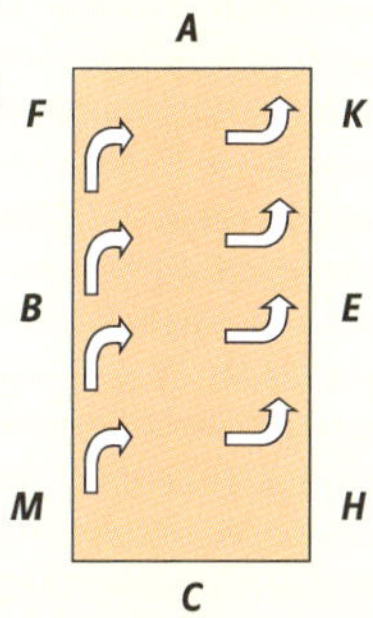

F)

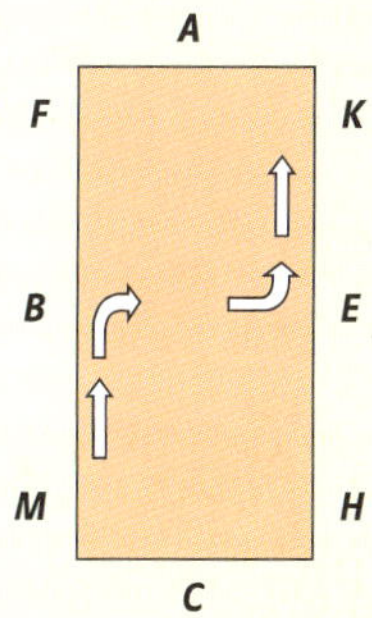

Merke

Wenn's dann zum Turnier geht, findet sich im Aufgabenheft die genaue Wegbeschreibung – d.h., es ist genau vorgegeben, von welchem Anfangs- zu welchem Endpunkt zu reiten ist.

Reinschauen und auf dem Laufenden bleiben!

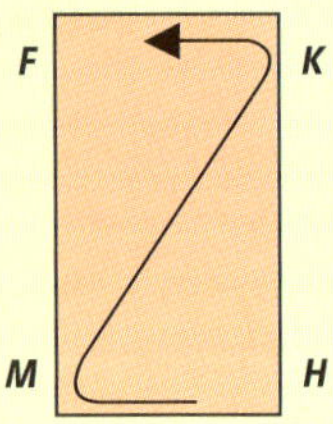

Beim „Wechseln (genauer gesagt beim Abwenden) **durch die Ganze Bahn"** gelten die gleichen Kriterien, wie beim Durchreiten einer Ecke: Der innere Schenkel und der äußere Zügel *(diagonale Hilfengebung)* sorgen dafür, dass das Pferd nicht zu früh abwendet, sondern erst in korrekter Stellung (durch den inneren Zügel) und Biegung (einseitig belastende Gewichtshilfe und treibender Schenkel innen sowie verwahrender Schenkel außen) wenn die äußere Schulter den Wechselpunkt (z.B. M) erreicht hat. Auf der Diagonalen (wie auch auf der langen Seite) muss das Pferd weiterhin vor den treibenden Hilfen bleiben, gerade gestellt und gleichmäßig an beiden Zügeln sein. Mit „Überqueren der Mittellinie" (= Verbindungslinie A – C) bei X ist dann genau genommen der Handwechsel geschehen. Das heißt, wenn das Pferd mit der **Schulter** den Wechselpunkt (K) am Hufschlag erreicht, ist die ehemals linke, äußere Seite nun innen und die ehemals innere, rechte Seite wird zur äußeren. Das heißt, auch die Hilfengebung beim Wiedererreichen des Hufschlags entspricht der beim Abwenden zu 100 % – allerdings „seitenverkehrt". Der Richtungswechsel ist nun endgültig vollzogen.

Zur Erinnerung:

Im unserem Beispiel wechselte der Reiter auf der rechten Hand reitend von M nach K durch die Ganze Bahn. Es besteht jedoch auch die Möglichkeit von K nach M zu wechseln und auf der linken Hand kann von H nach F und von F nach H durch die Ganze Bahn (Diagonale) gewechselt werden. (siehe Grafik S. 15)

Besonders häufig findet man diese Hufschlagfigur daher beim Quadrille reiten.

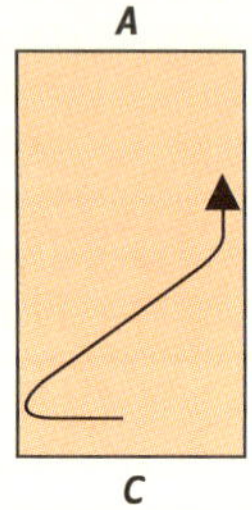

Die Hilfengebung beim **„Durch die Halbe Bahn wechseln"** ist entsprechend. Allerdings erfolgt das Verlassen des Hufschlags (gemäß der „kürzeren" Diagonale) etwas steiler bzw. „knapper gewinkelt".

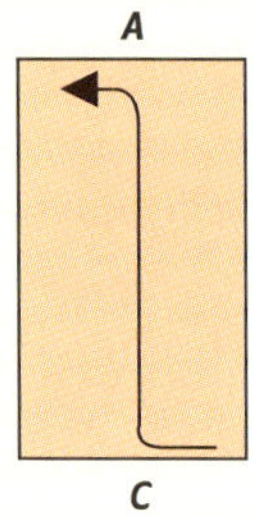

Die Hilfengebung beim **„Durch die Länge der Bahn wechseln"** ist dieselbe wie bei der Ganzen bzw. Halben Bahn, nur dass beim „Wechseln" immer daran gedacht werden muss, dass das Pferd am Wechselpunkt umgestellt wird, weil der Reiter mit seinem Pferd die Richtung ändert (die Hand wechselt).

Diese Richtungsänderung ist im Übrigen auch die anspruchsvollste, da sie sozusagen „rechtwinklig" erfolgt, während das Wechseln über die Diagonale „lediglich" in einem mehr oder minder stumpfen Winkel erfolgt.

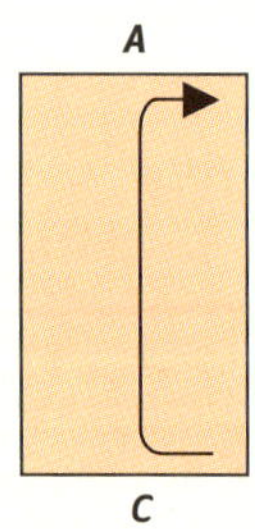

Beim **„Durch die Länge der Bahn geritten"** bleibt alles gleich, bis auf die Tatsache, dass nicht die Hand gewechselt, sondern auf der Hand weitergeritten wird, auf der man auf die Mittellinie abgebogen ist.

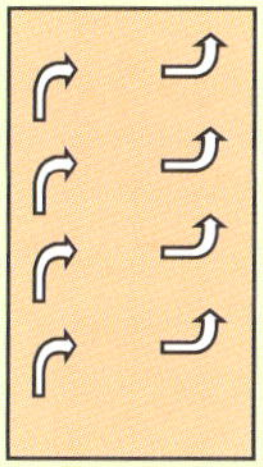

Abteilung rechts/links um

Diese Hufschlagfigur kommt beim Abteilungsreiten vor und wird nach Kommando des Ausbilders gemeinsam ausgeführt. In unserem Beispiel wendet jeder Reiter der Abteilung, nachdem der Ausbilder das Kommando „Rechts um – Marsch" gegeben hat, „im rechten Winkel" vom Hufschlag ab und reitet auf die gegenüberliegende Seite. Dann gibt der Ausbilder das Kommando „Abteilung links um – Marsch" und jeder wendet auf dem Hufschlag auf die linke Hand ab. Dadurch ist die Abteilung wieder in gleicher Reihenfolge hintereinander wie vorher. Bei dieser Übung hat jeder Reiter die Aufgabe immer auf gemeinsamer Höhe mit seinen Mitreitern zu bleiben.

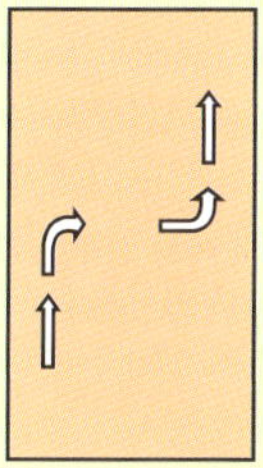

Anfang rechts/links um

Diese Figur kann sowohl einzeln (dann heißt es nur rechts um – links um) als auch in der Abteilung geritten werden. Wird diese Übung in der **Abteilung** geritten, bleiben nach dem Kommando „**Anfang** rechts um – Marsch" alle Reiter hinter dem Anfangsreiter und reiten auf die gegenüberliegende Seite. Von dort reiten alle nach dem Kommando „**Anfang** links um – Marsch" hintereinander auf dem Hufschlag linke Hand weiter.

Die Hilfengebung ist in beiden Fällen identisch mit der beim „durch die Länge der Bahn wechseln" – nachzulesen auf S. 20!

Trabt der Reiter bei einer Hufschlagfigur **mit Handwechsel** leicht, muss er zusätzlich zum Umstellen des Pferdes daran denken **umzusitzen**, d.h. einen Trabtritt zusätzlich sitzen bleiben, um dann wieder, wenn das äußere Vorderbein vortritt, „aufzustehen".

Tipp

In vielen Büchern heißt es unter dem Begriff **„Leichttraben"** oft: „der Reiter trabt auf dem inneren Hinterfuß", da der innere Hinterfuß aber immer zeitgleich mit dem äußeren Vorderfuß vortritt, sind beide Aussagen richtig. Für den Reitanfänger ist die erste Version (äußeres Vorderbein bzw. Pferdeschulter) jedoch leichter verständlich, da er diese sogar sehen kann.

Tipp

Klappt's nicht auf Anhieb mit dem Umsitzen, sollte man sich nicht scheuen, den Reitlehrer/die Ausbilderin um „Zählhilfe" zu bitten. Mit 1–2, 1–2, 1–2, Sitzen, 1–2, 1–2, 1–2, ... an der richtigen Stelle im Ohr klappt's sicherlich bald ganz von allein.

Halten

Zum Halten führt aus jeder Gangart heraus – richtig geritten – die *ganze Parade*, die durch mehrere *halbe Paraden* vorbereitet bzw. eingeleitet wird.

Tipp

Eine ausführliche Aufarbeitung dieser Thematik findet sich übrigens in dem Ratgeber „Sitz & Hilfengebung in der Praxis".

Die Hilfengebung bei den ganzen Paraden ist ähnlich wie bei den halben Paraden: in Verbindung mit einer belastenden Gewichtshilfe durch vermehrtes Kreuz anspannen und einer treibenden Schenkelhilfe gibt der Reiter eine „wohl dosierte" annehmende Zügelhilfe – natürlich gefolgt von einer rechtzeitig nachgebenden. Bei der ganzen Parade wird aus der annehmenden Zügelhilfe eine durchhaltende (das Pferd wird für einen kurzen Moment mit Gewichts- und Schenkelhilfen an die anstehende Hand getrieben).

Merke

Eine „Ganze Parade" hat nichts mit „Ausbremsen der Vorwärtsbewegung mit Hilfe des Zügels" zu tun. Eine „Ganze Parade" ist **das harmonische Zusammenspiel aller Hilfen**, welches aus jeder Gangart auf gerader Linie zum **Halten** führt!

Reagiert das Pferd, nimmt das Pferd also die Hilfen an, muss der Reiter **sofort** zum Nachgeben kommen, da das Pferd im Halten geschlossen auf allen vier Beinen und mit möglichst guter **Selbsthaltung** stehen soll. Das kann es nicht, wenn der Reiter in der Parade „stecken bleibt" – die Folge hiervon wäre ein Zurücktreten

Sicheres Halten in sehr schöner Selbsthaltung.

bzw. ein „auf die Hand legen". Dann hat der Reiter das Pferd im Halten nicht mehr vor seinen treibenden Hilfen und hätte Schwierigkeiten beim erneuten Anreiten – egal in welcher Gangart.

Durch die treibenden Einwirkungen (durch Gewicht und Schenkel) tritt das Pferd in den Paraden vermehrt an die Hand heran und tritt (bei entsprechender Durchlässigkeit) vermehrt unter den Schwerpunkt.

Werden die Zügelhilfen zu stark gegeben, blockieren sie die Kraftübertragung aus der Hinterhand über Rücken- & Halsmuskulatur bis hin zum Pferdemaul. Das bedeutet, das Pferd hat keine Möglichkeit – bei der halben Parade mit den Hinterbeinen nach vorne durchzuschwingen und – bei der ganzen Parade vermehrt unter seinen Schwerpunkt zu treten, Last aufzunehmen und ausbalanciert (mit dem Genick als höchstem Punkt) zu stehen, um anschließend mühelos wieder nach vorn anzutreten oder rückwärts zu richten.

Achtung

Das Halten (ob auf dem Hufschlag oder in der Bahn) erfolgt immer auf gerader Linie!

Anreiten

Beim Anreiten aus dem Halten treibt der Reiter das Pferd mit Gewicht und beiden Schenkeln bei nachgebender Zügelhilfe in die „gewünschte“ Vorwärtsbewegung (Schritt, Trab oder Galopp) hinein, ohne dabei die Anlehnung (= stetig weich federnde Verbindung zwischen Reiterhand und Pferdemaul) aufzugeben.

Merke

Das Anreiten erfolgt immer auf gerader Linie.

Rückwärtsrichten

Das Rückwärtsrichten dient nicht nur zur Überprüfung der Durchlässigkeit, sondern auch – durch das vermehrte Beugen der Gelenke der Hinterhand – der Verbesserung der Versammlung.

Tipp

Die Skala der Ausbildung des Pferdes, zu der u.a. auch die Versammlung (und die o.g. Anlehnung) gehört, befindet sich ausführlich beschrieben in dem Ratgeber „Sitz & Hilfengebung in der Praxis“!

Manche Reiter fordern es von ihrem Pferd auch als Gehorsamsübung – hier ist jedoch **Vorsicht geboten** – das **Rückwärtsrichten** sollte **nicht zur „Strafattacke“** verkümmern, denn dann wird es immer schwieriger ein korrektes Rückwärtsrichten zu reiten, weil sich das Pferd dann aus Angst vielleicht sogar ganz den Hilfen entziehen will.

Das Pferd tritt beim Rückwärtsrichten (s. Foto) in diagonaler Fußfolge (Zweitakt – wie im Trab) zurück.

Dabei soll das Pferd die Hufe deutlich vom Boden abheben und auf gerader Linie und mit gleich bleibender Länge zurücksetzen. Eine Pferdelänge Rückwärtsrichten bedeutet 3 bis 4 Tritte, damit das Pferd wieder geschlossen auf allen 4 Beinen steht. Der letzte ist ein halber Tritt, der aber als ganzer gezählt wird.

Die diagonalen Beinpaare beim Rückwärtsrichten.

Die Hilfen sind fast so wie beim Anreiten, mit dem einzigen Unterschied, dass der Reiter den Bewegungsimpuls, den er nach vorne gibt (beidseitig belastende Gewichtshilfen und vortreibende Schenkelhilfen) durch die annehmende (bis hin zur durchhaltenden) Zügelhilfe nach „rückwärts“ umleitet. Reagiert das Pferd in gewünschter Weise und Richtung, muss der Reiter mit der Hand sofort wieder „leicht werden“ (= nachgeben), ohne die Anlehnung aufzugeben, denn nur so kann das Pferd vor den treibenden Schenkeln bleiben.

Merke

Wird das Rückwärtsrichten nur durch Handeinwirkung (am Zügel ziehen) erzwungen, geht die diagonale Fußfolge verloren, das Pferd geht entweder gegen oder hinter den Zügel und entzieht sich somit den Hilfen. Von durchlässig kann dann kaum noch die Rede sein!

„Schaukel"

Die Schaukel ist eine besonders anspruchsvolle Lektion, da das Rückwärtstreten (diagonal im Zweitakt) und das Vorwärtsschreiten (Viertakt) in unterschiedlicher Fußfolge vonstatten geht und das Pferd während der Schaukel (zwischen vor und zurück) nicht zum Halten kommt.

Die Hilfengebung zu Beginn der Schaukel – also zum Rückwärtstreten ist wie schon beim Rückwärtsrichten beschrieben (beidseitig belastende Gewichtshilfen und vortreibende Schenkelhilfen im Zusammenhang mit annehmenden bis durchhaltenden Zügelhilfen). Um anschließend (ohne zu halten) aus der Rückwärtsbewegung in die Vorwärtsbewegung zu kommen, muss der Reiter vermehrt sein Kreuz anspannen und das Pferd mit beiden Schenkeln bei leicht nachgebender Zügelhilfe in die Vorwärtsbewegung treiben. Die Hilfengebung erfolgt bereits zu dem Zeitpunkt, wenn das Abfußen zum letzten Rückwärtstritt erfolgt. Ähnlich muss nun beim letzten Schritt nach vorn dieser leicht „aufgefangen" werden und die Vorwärtsbewegung durch wiederum annehmende oder durchhaltende Zügelhilfen in das Rückwärtstreten umgeleitet werden. Dann folgt das Anreiten im Schritt (der Übergang sollte taktmäßig und losgelassen sein), im Trab (das Antraben muss ohne Verzögerung und mit genügend Geschmeidigkeit erfolgen) oder gar im Galopp (das Angaloppieren zeigt am deutlichsten, ob das Pferd sicher an den Hilfen steht).

Merke

Bevor mit dieser Lektion begonnen wird, muss das Rückwärtsrichten sicher und mit der (bis dahin) nötigen Durchlässigkeit beherrscht werden, denn die Schaukel ist der Prüfstein für die absolute Durchlässigkeit des Pferdes.

Tipp

Sollten Sie/Du Schwierigkeiten haben, der Beschreibung/den Richtungswechseln zu folgen, ist „Denken in Bildern" hilfreich. Hier tritt das Pferd z.B. an die Stelle einer Schiffschaukel, wie sie noch heute in manchen (Freizeit-)Parks im Einsatz ist.

Weitere Lektionen, die immer auf gerader Linie angelegt werden, sind:

- die Vorhandwendung
- die Hinterhandwendung
- die Kurzkehrtwendung

Vorhandwendung

Die Vorhandwendung erfolgt immer aus dem Halten. Bei diesem Richtungswechsel *„am Platz" wird das Pferd zur Seite des seitwärts treibenden Schenkels gestellt* und mit der Hinterhand um die Vorhand geführt bzw. geritten.

Der Richtungswechsel kann sowohl von der linken auf die rechte Hand, wie auch umgekehrt ausgeführt werden. Exemplarisch beschreiben wir den Wechsel von der **linken Hand** auf die **rechte Hand** ganz konkret. Das hat zum einen den Vorteil, dass nicht nur mit den Begriffen innen und außen gearbeitet werden kann (und das, wo innen und außen doch ohnehin wechseln), sondern auch eine attraktive Aufgabenstellung möglich wird – doch dazu später mehr.

Nachdem der Reiter (auf der linken Hand reitend) angehalten hat, belastet er den rechten Gesäßknochen vermehrt (= einseitig belastende Gewichtshilfe) und verkürzt den rechten Zügel so, dass das Pferd nach rechts gestellt ist. Der verwahrende linke Zügel (auf der Bahninnenseite) verhindert ein zu starkes Abstellen im Hals. **Die Hinterhand des Pferdes beschreibt**

einen Halbkreis (Wendung um 180°) um die Vorhand, wobei der rechte Hinterfuß vor und über den linken tritt. Der Wendepunkt liegt ganz dicht am rechten Vorderfuß. Erreicht wird dieser Ablauf, indem der Reiter mit dem etwas zurückgelegten rechten Schenkel die Hinterhand im Rhythmus des Bewegungsablaufes (Schritt für Schritt – im Takt) vorwärts-seitwärts um die Vorhand herum treibt. Der verwahrende linke Schenkel verhindert zum einen ein zu starkes Seitwärtstreten des linken Hinterfußes und zum anderen ein

Herumeilen der Hinterhand. Nach der Wendung kommt das Pferd wieder zum Halten und wird geradeaus gestellt, indem der Reiter nun seine Gesäßknochen gleichermaßen (beidseitig) belastet und auch die Schenkel (beide mit der gleichen

Intensität) „vorwärtstreibend" einwirken. Reiter und Pferd befinden sich nun auf der rechten Hand.

P.S. Zurücktreten ist bei dieser Lektion der größere Fehler, da sich das Pferd dabei den Hilfen entzieht.

Achtung

In einer geschlossenen Reitbahn wird die Vorhandwendung nicht direkt an der Bande sondern auf dem 2. Hufschlag ausgeführt, um nicht durch Platzmangel ein Zurücktreten oder ein Anheben des Halses und des Kopfes herbeizuführen.

Und hier die bereits angesprochene Aufgabe:
Beschreibe(n)/Notiere(n Sie) den Wechsel von der rechten auf die linke Hand – mit Hilfe des Beispiels – bitte aus Trainings- & Verständnisgründen selbst!

Hinterhandwendung

Diese Lektion stellt an das Pferd und insbesondere an den Reiter schon eine gewisse Anforderung, da die Hinterhandwendung eine versammelnde, sehr komplexe Übung ist. Die Hinterhandwendung erfolgt – wie die Vorhandwendung – aus dem sicheren Halten heraus. Das Pferd beschreibt – in guter Anlehnung und mit leichter Längsbiegung – **mit der Vorhand einen Halbkreis um die Hinterhand**, wobei der Wendepunkt möglichst nah am inneren Hinterfuß liegt, der wiederum im Schrittrhythmus auf- und abfußt – *fehlerhaft wäre hier ein Drehen oder Haften des inneren Hinterfußes!!!* Der äußere Hinterfuß beschreibt einen kleinen Halbkreis um den inneren – *Achtung, die Hinterbeine dürfen nicht kreuzen!!!* Dadurch dass die Vorderbeine vorwärts-seitwärts treten und den größeren Halbkreis beschreiben, kreuzen sie sich, was auch richtig ist. Damit das Pferd nach der Wendung wieder korrekt auf dem Hufschlag steht (durch die Lage des Wendepunktes verlässt es diesen um etwa eine Pferdebreite) muss es mit einem vorwärts-seitwärts gerichteten Schritt auf den Hufschlag zurückgeführt werden und (nur) bei diesem Schritt darf der äußere Hinterfuß vorwärts-seitwärts übertreten (kreuzen).

So sollte sie also aussehen, die Hinterhandwendung, aber was muss nun der Reiter machen, welche Hilfen muss er wofür geben, damit das Pferd diese Lektion korrekt ausführt? Dazu nun die exemplarische Erklärung der Hilfengebung für den Wechsel von der **linken**

auf die **rechte** Hand – vorausgesetzt die ganze Parade ist gut gelungen und das Pferd steht sicher an den Hilfen: Der Reiter belastet vermehrt den linken (inneren) Gesäßknochen und stellt das Pferd (mit dem inneren linken Zügel) – der rechte (äußere) Zügel begrenzt die

Biegung, jedoch nur so weit, dass sich das Pferd ungehindert in die Richtung der Wendung bewegen kann) **in die Bewegungsrichtung** und erhält somit schon die oben beschriebene leichte Längsbiegung, die natürlich noch von dem am Gurt liegenden vortreibenden linken Schenkel und dem verwahrenden rechten (äußeren) Schenkel unterstützt wird. Außerdem veranlassen die Schenkel das taktmäßige Auf- und Abfußen der Hinterbeine. Der linke (innere) Schenkel verhindert auch ein seitliches Ausweichen des inneren Hinterbeines nach innen und der rechte (äußere verwahrende) Schenkel ist mit verantwortlich für die Vorwärtstendenz – ist die nicht gegeben kreuzen die Hinterbeine ungewollt. Um den letzten Schritt auf den Hufschlag zurück zu machen wird der nun neue innere = rechte Schenkel zum vorwärts-seitwärts treibenden und veranlasst das Pferd mit dem (nun neuen inneren) rechten Hinterbein vorwärts-seitwärts über zu treten. Nach der Wendung soll das Pferd wieder geschlossen auf seinen vier Beinen, geradeaus gestellt auf dem ursprünglichen Hufschlag stehen. Der Reiter belastet dafür wieder beide Gesäßknochen sowie beide Schenkel liegen (leicht) vorwärts treibend am Gurt und treiben an die (ebenfalls leicht) anstehenden Zügel heran. Reiter und Pferd befinden sich nun auf der rechten Hand.

Merke

Da ein Vortreten bei einer Hinterhandwendung gegenüber dem Zurücktreten der geringere Fehler ist – ein Rückwärtstreten bedeutet, dass sich das Pferd den vorwärts treibenden Hilfen entzieht und der Reiter mit den Zügeln falsch einwirkt – ist es für Ungeübte ratsam zu Beginn der Wendung ein bis zwei Schritte nach vorne antreten zu lassen, um aus dieser **Vorwärtsbewegung heraus** die Wendung einzuleiten.

Aufgabe:
Beschreibe(n)/Notiere(n Sie) den Wechsel von **rechts** nach **links** – mit Hilfe des Beispiels – bitte aus Trainings- & Verständnisgründen einmal selber!

Kurzkehrtwendung

Diese Übung erfolgt sowohl aus dem Schritt als auch aus dem Trab, wobei dann das Pferd zunächst zum Schritt durchpariert werden muss.

Die Kurzkehrtwendung hat den gleichen Bewegungsablauf wie die Hinterhandwendung, das Pferd kommt jedoch **weder vor noch nach der Wendung zum Halten**. Somit gleicht auch die Hilfengebung der zuvor beschriebenen Hinterhandwendung.

Dadurch dass das Pferd nicht zum Halten kommen darf, muss der Reiter das Pferd in der Vorbereitung verstärkt mit halben Paraden aufmerksam machen. Erfolgt der „Richtungswechsel" aus dem Trab, muss der Reiter mit Hilfe einer halben Parade das Pferd zum Schritt durchparieren, danach darf das Pferd höchstens einen Schritt vorwärts gehen, wendet dann um die Hinterhand, um dann ohne weitere Schritte sofort wieder anzutraben.

Tipp

Damit das Pferd bei dieser Übung immer aufmerksam bleibt und auf die Hilfen wartet, können Kurzkehrtwendungen auch als 90° Wendungen (anstatt der 180° Richtungsänderung) geübt werden. Außerdem bleibt dadurch der „Vorwärtsdrang" noch mehr erhalten, da als weniger lange „Unterbrechung" bzw. kaum als „Bruch im Bewegungsfluss" wahrgenommen. D.h., wenn die Hinterhand des Pferdes Richtung Hufschlag zeigt, gibt der Reiter die Hilfen zum Vortreten, somit wird immer wieder eventuellem Hilfenentzug nach hinten oder übereiltem Herumdrehen entgegengewirkt.

Viereck verkleinern & vergrößern

Diese Lektion entspricht dem Schenkelweichen entlang zweier gedachter diagonalen Linien.

Diese Bahnfigur kann auf der linken Hand von H nach K oder von F nach M und auf der rechten Hand von M nach F und von **K nach H** (s. Grafik und Text) geritten werden.

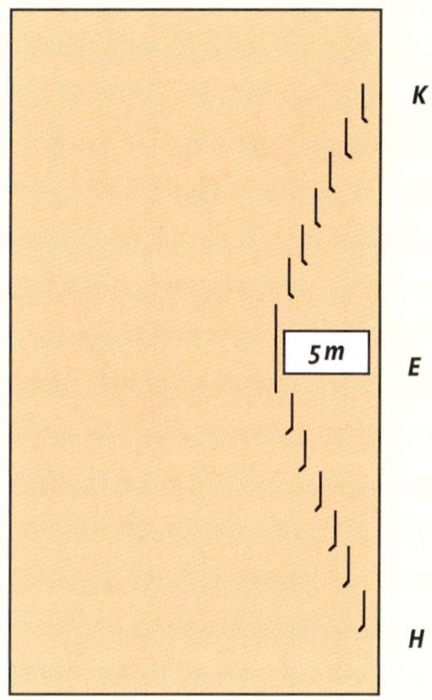

Die erste Diagonale verläuft von K bis kurz vor die halbe Bahn-Linie (5 m von E entfernt) und die zweite Diagonale von kurz nach der halben Bahn-Linie nach H (also zurück auf den Hufschlag).

Das Pferd bewegt sich beim Schenkelweichen (an der Bande & auch beim Viereck verkleinern und vergrößern) mit geringer Stellung *(–> immer zur Seite des vorwärts-seitwärts treibenden Schenkels)* – jedoch ohne Längsbiegung – vorwärts-seitwärts auf **zwei Hufschlägen**. Die „inneren Füße" treten gleichmäßig vor und über die „äußeren Füße".

Das **Schenkelweichen** wird überwiegend im Schritt, von fortgeschrittenen Reitern mit entsprechenden Pferden auch im Arbeitstrab geritten.

Diese Lektion gehört zu den **lösenden Lektionen** und fördert die Durchlässigkeit – deshalb sollte sie auch immer nur über **kurze** Strecken erfolgen, sonst schlägt es schnell ins Gegenteil um und die Pferde werden immer „fester".

Die Hilfengebung für **„Viereck verkleinern und vergrößern"** – auf der rechten Hand von K nach H – sieht nun wie folgt aus:

- durch leichtes Annehmen des **linken Zügels** wird das Pferd (gegen die Bewegungsrichtung) gestellt
- der **rechte Zügel** begrenzt das Pferd und **lässt** die **Stellung** – so weit wie nötig – **zu**, ohne die sichere Anlehnung zum Pferdemaul aufzugeben; außerdem verhindert er eine zu starke Abstellung im Hals und das damit verbundene Ausfallen über die rechte Schulter
- der **linke Schenkel treibt** das Pferd **vorwärts-seitwärts** und liegt etwas hinter dem Gurt
- der **linke Gesäßknochen** ist **vermehrt belastet** (einseitig belastende Gewichtshilfe – der rechte Gesäßknochen ist somit entlastet)
- der **rechte Schenkel** ist **verwahrend** hinter dem Gurt, verhindert ein seitliches Ausweichen der Hinterhand und ist gleichzeitig auch für die Vorwärtsbewegung verantwortlich

Kurz vor der halben Bahn-Linie wird das Pferd dann gerade gestellt, in diesem Fall wird der rechte Zügel angenommen und zwar so weit, dass das Pferd nicht mehr gestellt ist (= das Pferd muss dann sicher an **beide** Zügel herantreten), **beide** Gesäßknochen werden belastet und **beide** Schenkel liegen vorwärts treibend am Gurt.

Kurz nach der halben Bahn-Linie wird das Pferd für das Zurückführen zum Hufschlag (Viereck vergrößern) entsprechend vorbereitet – die Hilfen sind nun genau umgekehrt wie zum Viereck verkleinern:

- **der rechte Zügel wird** nun **angenommen** und **gibt** die erforderliche **Stellung** (wieder gegen die Bewegungsrichtung),
- der **linke Zügel** wird nun so viel **nachgegeben**, wie es die **Stellung erfordert** (auch hier wieder auf die sichere Anlehnung achten und ein Ausfallen über die linke Schulter vermeiden),
- der **rechte Schenkel treibt** nun das Pferd **vorwärts-seitwärts** und liegt etwas hinter dem Gurt,
- der **rechte Gesäßknochen ist vermehrt belastet** (einseitig belastende Gewichtshilfe – der linke Gesäßknochen ist somit entlastet),
- der **linke Schenkel ist verwahrend** hinter dem Gurt, verhindert ein seitliches Ausweichen der Hinterhand und ist gleichzeitig auch für die Vorwärtsbewegung verantwortlich.

Am Hufschlag angekommen, gibt der Reiter wieder genau die gleichen vorwärts treibenden Hilfen, wie zwischen den beiden Diagonalen (beidseitig belastende Gewichtshilfen, vorwärts treibende Schenkelhilfe an die gleichmäßig annehmenden und nachgebenden Zügelhilfen heran).

Aufgabe

Beschreibe(n Sie) „Viereck verkleinern und vergrößern" auf der linken Hand reitend von F nach M!

Die Seitengänge

Erst wenn das Schenkelweichen an der Bande (Achtung: Hilfengebung wie oben beschrieben, **maximale** Abstellung von der Bande 45° – egal ob mit dem Kopf zur Bande oder zur Mitte!) und das Viereck verkleinern und vergrößern problemlos klappt, sollten Reiter und Pferd sich mit den **Seitengängen** beschäftigen.

Ein weiterer wichtiger Ausgangspunkt für das Reiten von Seitengängen ist die korrekte Längsbiegung auf gebogenen Linien, d.h. das Pferd muss sich willig um den inneren Schenkel biegen lassen, problemlos an den äußeren Zügel herantreten und halbe Paraden gut annehmen. (Lektionen und Hufschlagfiguren hierzu folgen in Kapitel Lektionen auf gebogenen Linien, S. 28) Einige zählen das Schenkelweichen irrtümlich mit zu den Seitengängen, aber das ist falsch:

Merke

Schenkelweichen ist eine Übung mit „Stellung ohne Biegung", bei dem das Pferd nicht versammelt sein muss und Seitengänge sind vorwärts-seitwärts Bewegungen mit gleichmäßiger Längsbiegung, die in entsprechender Versammlung geritten werden.

1. 2. 3. Hufschlag

Die Lektionen Schulterherein, Travers, Renvers und die Traversalen werden alle als Seitengänge bezeichnet – auf alle näher einzugehen würde hier zu weit führen.

Schulterherein

Das Schulterherein ist die Ausgangsposition für alle sich anschließenden Seitengänge, denn bei dieser Übung werden viele Eigenschaften des richtig gerittenen Pferdes deutlich. Damit diese Eigenschaften für jeden verständlich werden, zuerst die genaue Beschreibung, wie das Schulterherein aussehen soll und dann die Aufzählung, was sich im Schulterherein zeigt und was es fördert.

Die Hinterhand des Pferdes bewegt sich (fast) geradeaus auf dem Hufschlag, die Vorhand des Pferdes wird in die Bahn hereingeführt und zwar so weit, dass der innere Hinterhuf und der äußere Vorderhuf spuren (d.h. die äußere Schulter des Pferdes ist vor die innere Hüfte des Pferdes gerichtet). Durch diese „Abstellung" bewegt sich das Pferd auf 3 Hufschlaglinien.

Hier nun all das, was durch/im Schulterherein verbessert/gefördert wird:

- Das innere (bei unserem Beispiel das linke, s.o.) Hinterbein wird zum weiteren Vortreten in Richtung unter den Schwerpunkt angeregt.
- Hüft- und Kniegelenke müssen sich vermehrt beugen.
- Die Längsbiegung wird gefördert und der Schenkelgehorsam verbessert.
- Der Schwung wird verbessert (weil die treibenden Hilfen intensiver einwirken können, da sie von den verwahrenden begrenzt werden).

- Die Versammlung wird dadurch verbessert, dass die Tragkraft der Hinterhand vermehrt beansprucht wird.
- Die Schulterfreiheit wird durch die vermehrte Hankenbiegung verbessert.
- Last but not least wird die allgemeine Durchlässigkeit, ebenso wie die Geraderichtung verbessert (deshalb wird bei dieser Übung auch immer wieder von gerade richtender Biegearbeit gesprochen).

Damit das Ganze nun auch wirklich funktioniert, kommen wir nun zur alles entscheidenden Hilfengebung – zur Vereinfachung gehen wir wieder einmal von einem Beispiel aus (s. Bild weiter oben): Der Reiter befindet sich auf der linken Hand und reitet das Schulterherein an der langen Seite von H nach K:

- Der **linke** (innere) **Zügel** führt zu Beginn der Lektion die Vorhand nach innen und ist außerdem in Verbindung mit dem linken (inneren) Schenkel für die gleichmäßige Längsbiegung verantwortlich.
- Der **rechte** (äußere) **Zügel** ist verwahrend und gibt so viel nach, um die rechte (äußere) Schulter vorzulassen und muss aber gleichzeitig noch die Stellung des Pferdes begrenzen.
- Der **linke** (innere) **Gesäßknochen** wird vermehrt belastet (einseitig belastende Gewichtshilfe).
- Der **linke** (innere) **Schenkel** liegt am Gurt, sorgt für die genügende Längsbiegung (Rippenbiegung), treibt das Pferd vorwärts-seitwärts und veranlasst den linken (inneren) Hinterfuß zur vermehrten Lastaufnahme.
- Der **rechte** (äußere) **Schenkel** liegt verwahrend hinter dem Gurt und verhindert ein Ausweichen /Ausfallen des rechten (äußeren) Hinterbeines.
- Beendet wird das Schulterherein, indem der linke (innere) Schenkel und der rechte (äußere) Zügel die Vorhand auf den Hufschlag zurückführen, dabei ist das Pferd immer noch gebogen. Erst wenn die Vorhand wieder auf die Hinterhand eingerichtet ist, wird das Pferd wieder gerade gerichtet.

Achtung

Der Reiter muss bei dieser Übung weiterhin im Gleichgewicht sitzen und über die Pferdeohren hinwegblicken – schaut er auf den Hufschlag, also zur Seite, verursacht er automatisch eine fehlerhafte Gewichtsverteilung.

Tipp

Zur Vereinfachung für Reiter und Pferd (beim Erlernen des Schulterhereins) kann die Lektion aus einer Volte oder aus der Ecke heraus eingeleitet werden. Denn dann kann die Längsbiegung – die das Pferd bereits in der Wendung erhalten hat – in das Schulterherein mitgenommen werden.

Merke

Das Schulterherein erfordert von Reiter und Pferd schon ein hohes Maß an Koordination und Konzentration und sollte anfangs nur in kurzen Reprisen geritten werden, ansonsten kommt es sehr schnell zu Takt-, Tempo- oder Schwungverlust.

Auch hier zum besseren Verständnis noch eine ***Aufgabe.*** Beschreibe(n Sie) „Schulterherein“ auf der rechten Hand reitend von K nach H!

Hufschlagfiguren & Lektionen auf gebogenen Linien

Das Reiten auf gebogenen Linien können Reiter und Pferd nur dann korrekt ausführen, wenn der Reiter die Hilfengebung dafür beherrscht und das Pferd diese Hilfen sicher annimmt. Hufschlagfiguren auf gebogenen Linien fordern immer eine passende Längsbiegung zu der Linie auf der das Pferd geht.
Der Reiter muss auf gebogenen Linien darauf achten, dass sich die Vorderbeine und die Hinterbeine auf einer Linie bewegen, also aufeinander eingespurt sind.

Hier zunächst eine Übersicht über die Hufschlagfiguren auf gebogenen Linien:

Zirkel bei A oder C

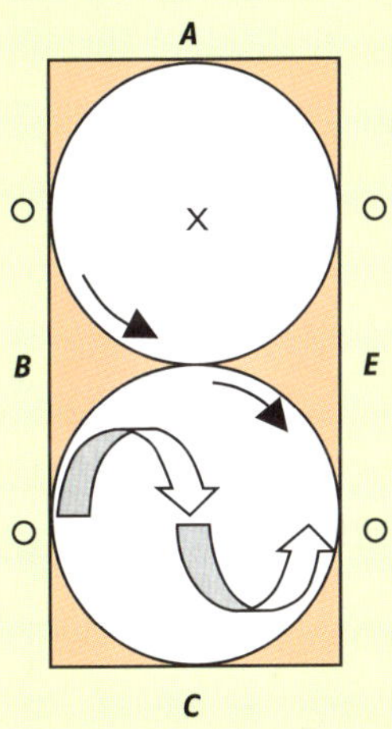

Mittelzirkel

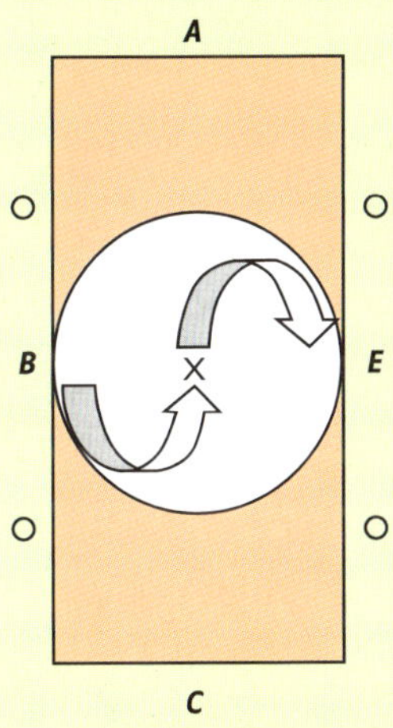

Durch den Zirkel wechseln (grau-weiße Pfeile)
Aus dem Zirkel wechseln (schwarze Pfeile)

Volte (bei A)
Halbe Volte rechts – X eine Pferdelänge geradeaus – danach halbe Volte links

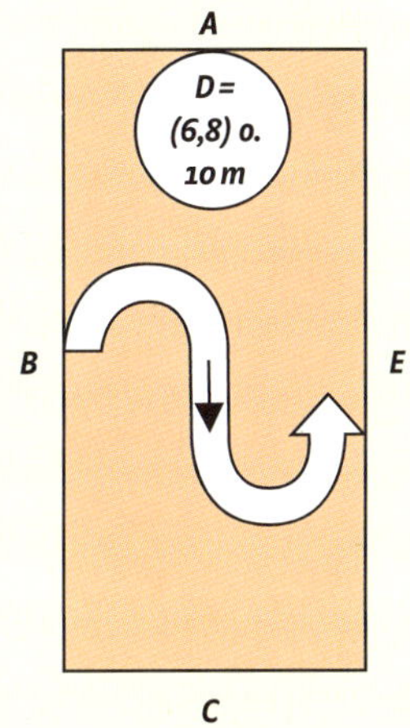

Aus der Ecke kehrt

Kehrtvolte (a. d. langen Seite)

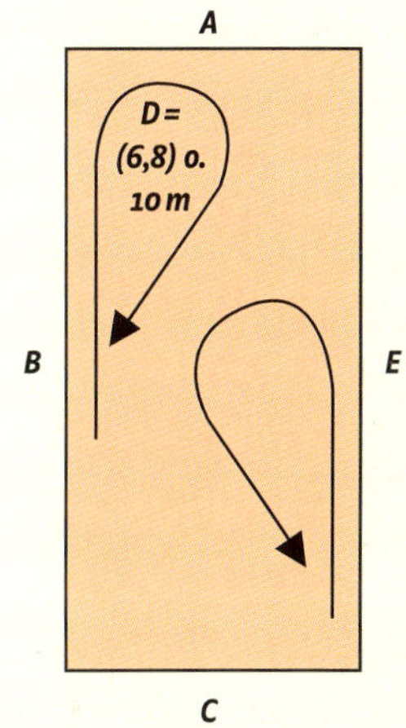

Einfache Schlangenlinie
Doppelte Schlangenlinie

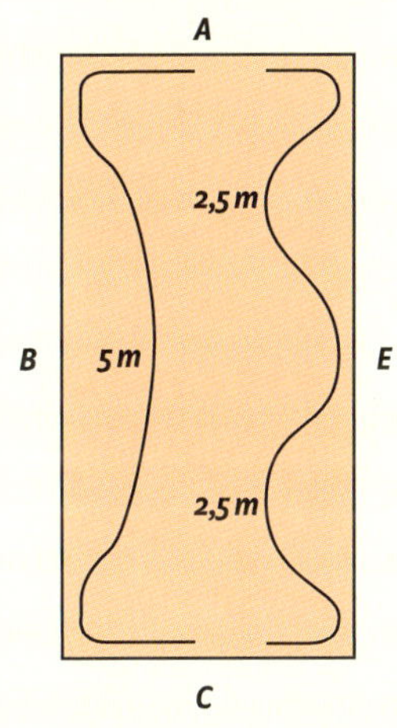

Schlangenlinie entlang der Mittellinie 3 Bögen

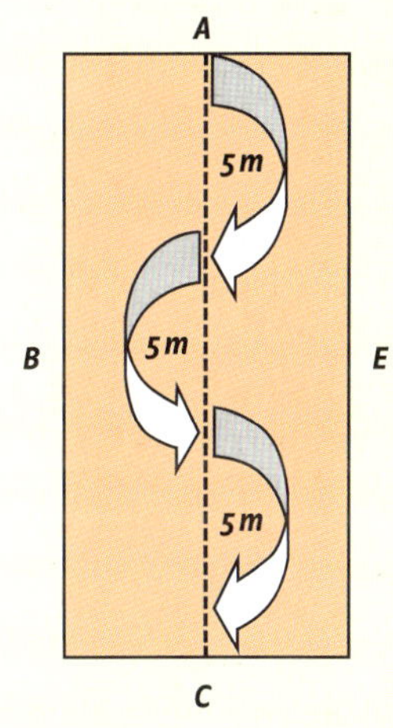

Für alle Hufschlagfiguren und Lektionen gilt, dass sie nur aus einem korrekten Sitz mit ebensolchen Hilfen richtig ausgeführt werden können – siehe dazu entsprechenden Ratgeber.

Schlangenlinie durch die Bahn
3 Bögen (...) oder 4 Bögen (–)

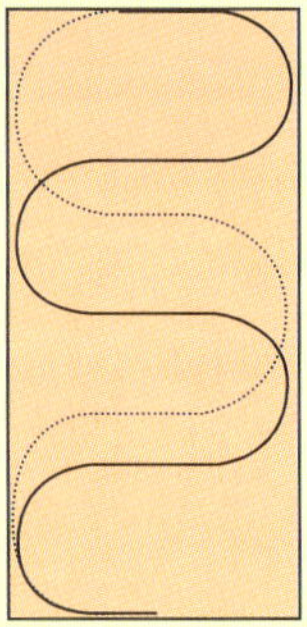

Acht

Nun stellt sich aber auch hier die Frage nach der korrekten Hilfengebung für die einzelnen Hufschlagfiguren auf gebogenen Linien.

Wie zu Anfang schon erwähnt, werden gleichmäßige Stellung und Biegung entsprechend der Wendung verlangt. Hinzu kommt bei einigen Figuren ein Richtungs- oder Handwechsel, bei denen das Pferd geschmeidig in die neue Bewegungsrichtung gestellt und gebogen werden muss:

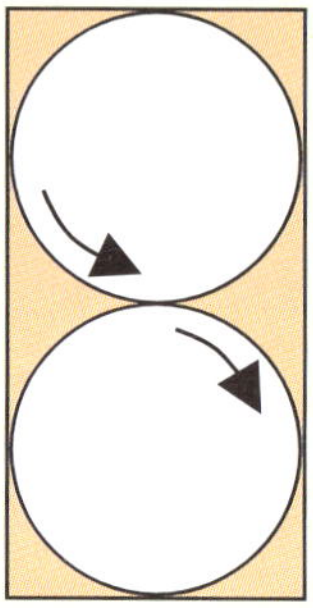

Zirkel

Der Zirkel (egal ob bei C, A oder als Mittelzirkel angelegt) ist ein Kreisbogen von 20 m Durchmesser.

Beim **„durch den Zirkel wechseln"** und auch beim **„aus dem Zirkel wechseln"** wird das Pferd beim Richtungswechsel eine Pferdelänge geradeaus gerichtet (gestellt), bevor es dann in die neue Bewegungsrichtung gestellt und gebogen wird.

Achtung

Bei der Lektion „aus dem Zirkel wechseln" verlässt der Reiter seinen bisherigen Zirkel (z.B. bei A) und reitet nicht nur auf der anderen Hand, sondern auch auf dem anderen Zirkel (z.B. bei C) weiter.

Bei der Lektion „durch den Zirkel wechseln" bleibt der Reiter weiterhin auf dem Zirkel auf dem er sich befindet, wechselt jedoch dabei die Richtung und reitet nach der Übung auf der anderern Hand weiter.

Aus dem Zirkel wechseln (und auch durch den Zirkel wechseln) kann sowohl von der linken auf die rechte Hand, wie auch umgekehrt ausgeführt werden. Exemplarisch beschreiben wir den Wechsel von der linken Hand auf die rechte Hand ganz konkret:

Der Reiter befindet sich linke Hand reitend auf dem Zirkel: Der linke (innere) Gesäßknochen wird vermehrt belastet (einseitig belastende Gewichtshilfe). Der linke (innere) Schenkel liegt dicht am Gurt und treibt den linken (inneren) Hinterfuß vor, er erhält die geforderte Längsbiegung und verhindert ein Hereindrängen des Pferdes in den Zirkel, denn nach dort ist das Pferd mit dem linken (inneren) Zügel gestellt. Der rechte (äußere) Zügel lässt die Stellung so weit wie nö-

Verwahrender Schenkel

tig zu und *verhindert* zusammen mit dem rechten (äußeren) verwahrenden Schenkel (liegt eine Hand breit hinter dem Gurt) ein Ausfallen über die rechte (äußere) Schulter & ein Ausweichen der Hinterhand (d.h. ein nach außen Herausdrücken des Pferdes). Außerdem sorgen die äußeren („rechten") Hilfen für das gleichmäßige Vortreten des rechten (äußeren) Hinterfußes des Pferdes.

Beim **Wechseln** (aus oder durch den Zirkel) muss das Pferd vor dem Übergang auf die rechte (neue) Hand eine Pferdelänge geradeaus gestellt werden, d.h. er setzt alle Hilfen (Zügel-, Gewichts- und Schenkelhilfen) wieder mit gleicher Intensität ein – innen wie außen. Um nun das Pferd auf die rechte Hand umzustellen, muss der Reiter das Gewicht leicht zur rechten (neuen inneren) Seite verlagern, die Schenkellage entsprechend verändern, d.h. der rechte Schenkel liegt nun vorwärts treibend am Gurt und fordert somit die Längsbiegung & verhindert ein Hereindrängen in den Zirkel. Der rechte Zügel wird nun zum (inneren) stellunggebenden Zügel & der linke (nun äußere) Zügel zum Verwahrenden, der zum einen die Stellung zulässt und zum anderen die linke (äußere) Schulter begrenzt. Das macht auch deutlich, dass das Zügelmaß bei jedem Handwechsel korrigiert werden muss.

Treibender Schenkel

Merke

Das **Umsitzen** (Gewichts- & Schenkelverlagerung), **Umfassen** (Zügel nachfassen) und das damit verbundene **Umstellen** soll flüssig und geschmeidig vonstatten gehen und deutlich erkennbar sein.

Tipp

Das korrekte Reiten von Hufschlagfiguren und insbesondere eines Zirkels (bzw. aus und durch den Zirkel wechseln) ist für viele gar nicht so einfach und kann mit Hilfe von Kegeln und Stangen, bzw. Poolnoodeln, die den Weg vorgeben, im „Handumdrehen" erlernt werden.

Volte

Die Volte wird (in der Grundausbildung) als Kreis mit einem Durchmesser von 10 m (im Arbeitstempo) geritten. Mit fortschreitender Ausbildung verringert sich der Durchmesser auf 8 m (Anforderungen der Klasse L) bzw. auf 6 m (Anforderungen der Klasse M und höher). Da sich das Pferd – je kleiner die Volte geritten wird – stärker biegen muss, wird die Volte mit einem Durchmesser von 8 bzw. 6 m im versammelten Tempo geritten. Volten können an beliebiger Stelle

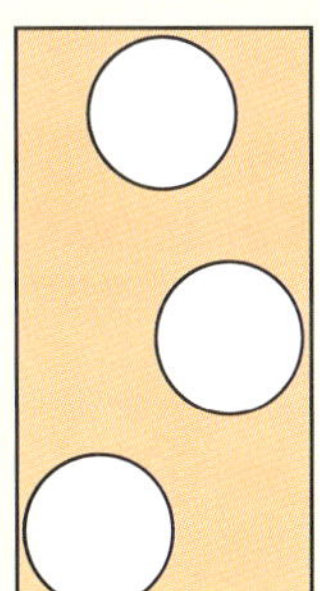

der Reitbahn ausgeführt werden, wichtig ist dabei nur, dass sie kreisrund (sie muss aus zwei gleich großen Halbkreisen bestehen) geritten wird und dort endet, wo sie begonnen wurde.

Volten fordern vom Pferd die höchstmögliche Längsbiegung und der beschriebene Kreisbogen darf **nur einen** Hufschlag aufweisen, d.h. Vor- und Hinterhand müssen aufeinander eingespurt sein.

Die Hilfengebung ist entsprechend der beim Zirkel, muss durch die stärkere Längsbiegung eventuell aber intensiver eingesetzt werden. **Achtung:** Takt, Fleiß, Geschmeidigkeit und Elastizität darf aufgrund dessen aber nicht verloren gehen.

Trittsiegel, die für sich sprechen!

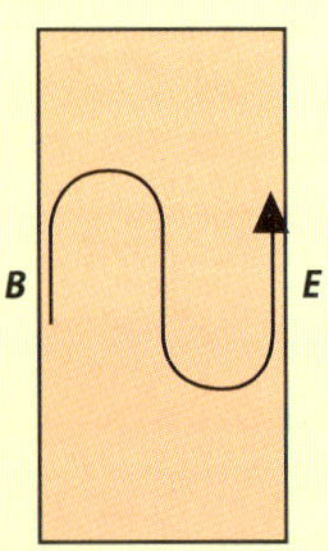

Halbe Volte rechts (links) – im Mittelpunkt eine Pferdelänge geradeaus – halbe Volte links (rechts)

Bei dieser Hufschlagfigur werden die gleichen Hilfen gegeben, wie beim aus dem/durch den Zirkel Wechseln, mit dem Unterschied, dass das Pferd vor und nach der Übung geradeaus gestellt sein muss, da diese Lektion meistens Mitte der langen Seite ausgeführt wird.

In unserem Beispiel wird diese Lektion von B über X nach E geritten:

Die Hilfengebung in aller Kürze:

- in der **ersten** Wendung ist das Pferd rechts gestellt (rechter Zügel gibt Stellung – linker Zügel begrenzt) und gebogen (einseitige Gewichtshilfe rechts, rechter Schenkel vorwärts treibend am Gurt und linker Schenkel verwahrend und auch gegenhaltend hinter dem Gurt)
- dann wird das Pferd (eine Pferdelänge) geradeaus geritten (Schenkel- und Gewichtshilfen mit gleicher Vorwärtstendenz an die gleichmäßig annehmenden und nachgebenden Zügelhilfen heran)
- in der **zweiten** Wendung ist das Pferd links gestellt (linker Zügel gibt Stellung – rechter Zügel begrenzt) und gebogen (einseitige Gewichtshilfe links, linker Schenkel vorwärts treibend am Gurt und rechter Schenkel verwahrend hinter dem Gurt)

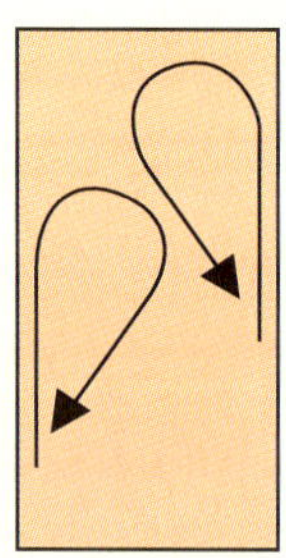

Kehrtvolte an der langen Seite & Aus der Ecke kehrt

Wird in der Regel aus der 2. Ecke der langen Seite geritten.

Die Kehrtvolte (beide Varianten) entsprechen im ersten Teil einer halben Volte (auch hier Durchmesser 10 m in der Grundausbildung – bei fortgeschrittener Ausbildung 8 m bzw. 6 m). Vom Punkt des Bogens, der am weitesten (10, 8 oder 6 m) vom Hufschlag entfernt ist, begeben sich Reiter und Pferd in schräger Richtung, aber auf gerader Linie zum Hufschlag zurück und sind nun auf der anderen Hand. Der Richtungswechsel kann sowohl von rechts nach links, wie auch umgekehrt erfolgen (siehe Skizze).

Die Hilfengebung noch einmal exemplarisch für eine Kehrtvolte von der rechten Hand auf die linke Hand (siehe Skizze – Kehrtvolte linke Seite):

1. Teil – halbe Volte rechts:

- der rechte Schenkel liegt vorwärts treibend am Gurt, der linke Schenkel liegt verwahrend – eine Hand breit – hinter dem Gurt
- der rechte Gesäßknochen ist vermehrt belastet (einseitige Gewichtshilfe)
- der rechte Zügel gibt Stellung, der linke Zügel begrenzt nach außen

2. Teil – auf gerader Linie schräg in Richtung Hufschlag reiten:

- das Pferd wird geardeaus gestellt, indem beide Zügel gleichmäßig annehmen und nachgeben
- das Gewicht wird auf beide Gesäßknochen gleichmäßig verteilt (beidseitig belastende Gewichtshilfen)
- beide Schenkel liegen vorwärts treibend am Gurt

3. Teil – Rückführung auf den Hufschlag

- der linke Schenkel (bleibt dicht am Gurt) wird zum vorwärts treibenden Schenkel und fordert die nötige Längsbiegung, der rechte Schenkel wird zum verwahrenden Schenkel und begrenzt nach außen
- das Gewicht wird nun vermehrt auf den linken Gesäßknochen verlagert
- der linke Zügel gibt Stellung und der rechte lässt sie zum einen zu und begrenzt sie zum anderen

Aufgabe:

Beschreibe(n)/Notiere(n Sie) die **Kehrtvolte von der linken Hand zur rechten Hand** – mit Hilfe des Beispiels – bitte aus Trainings- und Verständnisgründen einmal selber!

Auf dem Hufschlag angekommen stellt der Reiter sein Pferd wieder geradeaus, d.h. er folgt dem 1. Hufschlag ohne Stellung und Biegung.

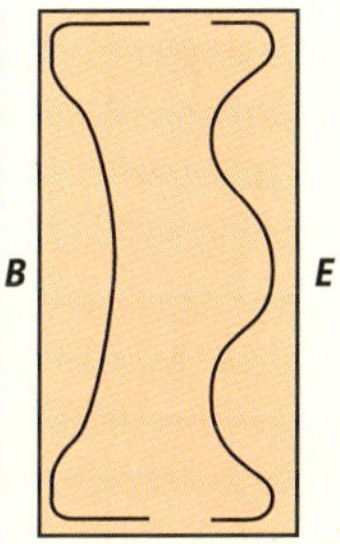

Einfache Schlangenlinie

(a. d. langen Seite)

Doppelte Schlangenlinie

(a.d. langen Seite)

Die Schlangenlinie an der langen Seite kann als einfache (links) oder als doppelte (rechts) Schlangenlinie geritten werden. Die größte Entfernung vom Hufschlag beträgt bei der einfachen Schlangenlinie 5 m und liegt in Höhe der Mitte der langen Seite (s. Skizze bei B). Bei der doppelten Schlangenlinie gibt es 2 Punkte, die vom Hufschlag entfernt liegen und zwar in Höhe der Zirkelpunkte – die Entfernung zum Hufschlag beträgt 2,5 m.

Achtung

Bei der einfachen Schlangenlinie hat der Reiter mit seinem Pferd 2 Handwechsel zu beachten und bei der doppelten Schlangenlinie insgesamt 4 Handwechsel, was natürlich eine entsprechende Umstellung des Pferdes mit sich bringt.

Die Hilfengebung an dieser Stelle erneut zu beschreiben, wäre zu viel, denn der Unterschied zum aus dem bzw. durch den Zirkel Wechseln besteht ausschließlich darin, dass die Längsbiegung beim Pferd mehr oder weniger gefordert wird, nicht aber in der Hilfengebung an sich. Beim aus dem Zirkel Wechseln und bei der einfachen Schlangenlinie an der langen Seite ist die Längsbiegung geringer und beim durch den Zrikel Wechseln und bei der doppelten Schlangenlinie an der langen Seite ist die Längsbiegung stärker!

Merke

Das Pferd ist immer so gebogen, wie die Linie auf der es geht!!!

Achtung

Die doppelte Schlangenlinie an der langen Seite darf nicht in einem Zick-Zack-Reiten enden!!! Beim Ankommen auf dem Hufschlag nach dem 1. Bogen und wieder Abwenden in den 2. Bogen muss das Pferd während der ganzen Zeit um den inneren (auf dem Foto – um den rechten) Schenkel gebogen sein, der äußere (in unserem Fall linke) Schenkel liegt verwahrend hinter dem Gurt und verhindert ein Seitwärtstreten der Hinterhand.

Eine weitere Lektion, die ebenfalls in der Hilfengebung identisch ist und nur an einem anderen Ort in der Reitbahn ausgeführt wird, ist:

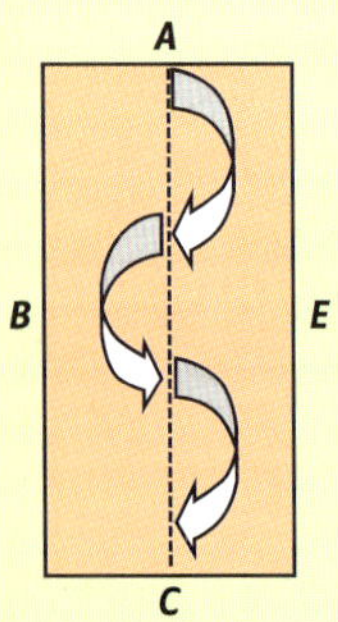

Schlangenlinie entlang der Mittellinie

Bei dieser Art der Schlangenlinie ist die Mittellinie die ausschlaggebende Linie, von der die Einteilung mit den geforderten Maßen ausgeht. Bei 3 Bögen liegt die weiteste Entfernung eines Bogens 5 m von der Mittellinie entfernt. Insgesamt hat der Reiter mit seinem Pferd 2 Handwechsel vorzunehmen und zwar genau auf (über) der Mittellinie.
Selbstverständlich gibt es auch hierbei die Möglichkeit sowohl mit einem Rechtsbogen (siehe Skizze) zu beginnen und zu enden, als auch mit einem Linksbogen anzufangen und dann auch mit einem Linksbogen aufzuhören. Außerdem kann die Lektion von A nach C (siehe Skizze) und auch von C nach A geritten werden.

Schlangenlinien durch die Bahn

Der Schlangenlinien noch nicht genug, kommen wir nun zu weiteren, bei denen sich die Anzahl der gerittenen Bögen nach der Größe der Reitbahn und natürlich nach dem Ausbildungsstand von Reiter und Pferd richtet. Bei einem Viereck von 20 x 40 m werden im Regelfall 3 oder 4 Bögen geritten, die jeweils Mitte der kurzen Seite (bei A oder C) beginnen und enden. Wird die Anzahl der Bögen erhöht und dadurch der jeweils einzelne Bogen dementsprechend enger, kann dieses als vorbereitende Übung zur Versammlung genutzt werden – bei 3 bzw. 4 Bögen ist jedoch der lösende Faktor der ausschlaggebende zur Auswahl der Lektion. Zur Verdeutlichung, dass eine gerade Anzahl von Bögen zum Handwechsel führt und nach einer ungeraden Zahl von Bögen Pferd und Reiter immer noch auf der gleichen Hand reiten, hier 2 Skizzen zum besseren Verständnis:

Schlangenlinien durch die Bahn

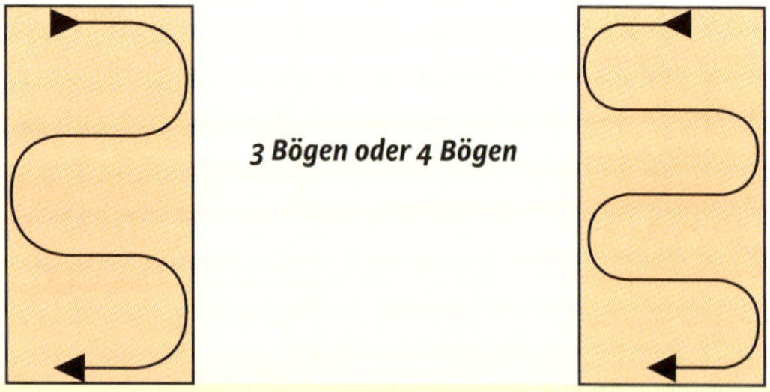

Die Schlangenlinien sind je nach Anzahl der geforderten Bögen gleichmäßig in der Reitbahn einzuteilen, d. h. jeder Bogen muss in etwa die gleiche Abmessung haben. Das **Durchreiten** der **Mittellinie** erfolgt immer **senkrecht** zu dieser. Die Schlangenlinien durch die Bahn bestehen aus mehreren Halbvolten, zwischen denen immer eine gerade Strecke liegt, die bei 3 Bögen kürzer ist als bei 4 Bögen. Somit wird das Pferd nach der ersten halben Volte also immer am Ende eines Bogens geradeaus gestellt und beim Beginn des nächsten Bogens in die nächste halbe Volte gebogen.
Die Hilfengebung ist genauso wie bei „Halbe Volte rechts/links – im Mittelpunkt eine Pferdelänge geradeaus – halbe Volte links/rechts" wie auf S. 30 beschrieben. Trabt der Reiter leicht, wird immer beim Überreiten der Mittellinie ein Fußwechsel ausgeführt, d.h. der Reiter muss **umsitzen**, damit er immer auf dem richtigen Fuß leichttrabt.
Im Galopp ist auf der Mittellinie ein fliegender Galoppwechsel fällig oder auf der „geraden Wechsellinie" ein einfacher Galoppwechsel mit 3 bis 5 klaren Schritten vor dem erneuten Angaloppieren.

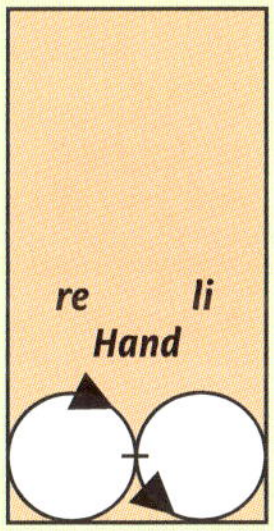

Reiten einer Acht

Das Reiten einer Acht erfordert vom Reiter schon ein höheres Maß an Koordination in der Hilfengebung und vom Pferd eine zunehmende Durchlässigkeit, denn der Übergang von der einen auf die andere Hand erfolgt, **ohne** dass das Pferd erst eine Pferdelänge geradeaus gestellt wird. Das bedeutet, dass Stellung und Biegung des Pferdes nach der einen Seite (im Beispiel nach rechts) beim Passieren des **Wechselpunktes** (–) fließend zur anderen Seite (nach links) übergehen müssen. Die Hilfengebung ist entsprechend der Hilfengebung bei einer Volte (auch die Größe ist gleich – der Durchmesser beträgt auch hier 10 m). Diese Lektion (richtig geritten und ausgeführt) fördert die Geschicklichkeit des Reiters und die Geschmeidigkeit und **Durchlässigkeit** des Pferdes und hat somit einen hohen gymnastischen Wert für die Ausbildung.

Tipp

Weniger ist manchmal mehr. Zu viele Achten nacheinander geritten führen häufig zu konzentrations- und koordinationsbedingten Fehlern. Also lieber 2 x hintereinander und wieder eine „leichtere" Lektion als Abwechslung einbauen. Auch hier gilt wieder: „Vom Leichten zum Schweren"!!! – denn jede Übung/Lektion sollte mit Überlegung, zum richtigen Zeitpunkt und in angemessener Form erarbeitet werden.

Merke

Die Hufschlagfiguren Zirkel, Mittelzirkel, Volte, halbe Volte rechts/links, Kehrtvolte, einfache und doppelte Schlangenlinie, Schlangenlinie entlang der Mittellinie und die Acht haben immer die gleichen Abmessungen – ob sie auf einem Viereck von 20 x 40 m geritten werden oder auf einem Viereck von 20 x 60 m oder gar auf einem Reitplatz ohne Normmaße.

Achtung

Beim Reiten auf gebogenen Linien – insbesondere in Volten – darf **nicht** der innere Zügel vorherrschen, da dann das Pferd leicht hinter die Senkrechte kommt, auf die Vorhand fällt und es dadurch zu Taktstörungen kommen kann.

Mini ABC

von A wie Abteilung bis Z wie Zirkel

Wie alle Ratgeber schließt auch dieser mit einem kompetenten ABC, das noch viel mehr über die Hufschlagfiguren, Grundlektionen und die Wege in der Reitbahn sowie über das Verhalten in dieser verrät. Natürlich kann auch dieses – für sich allein – nicht wirklich alles klären – aber in Verbindung mit den Mini-Lexika der übrigen Ratgeber hat der Besitzer ein wirklich brauchbares und umfangreiches Nachschlagewerk.

- A -

▸ **Abreiteplatz**
Bevor die Reiter auf dem Turnier starten, machen sie sich und vor allem das Pferd warm. Wie zu Hause lösen sie das Pferd und bereiten es somit auf die Anforderungen der Prüfung vor, um genau zum richtigen Zeitpunkt zu starten. Dies alles geschieht auf diesem besagten, dafür vorgesehenen Platz, der auch als Vorbereitungsplatz bezeichnet werden kann. Es ist aber keinesfalls der Ort, an dem versäumtes Training nachgeholt werden kann bzw. sollte.

▸ **Abstand**
... ist das Maß zwischen den Pferden, wenn sie hintereinander gehen. Wird in einer Abteilung geritten, sollte zwischen den einzelnen Reitern- und Pferdepaaren der gleiche Abstand eingehalten werden und zwar mindestens eine Pferdelänge, das bedeutet ca. 2,40 m.

▸ **Abteilung**
... nennt man eine Gruppe von Reitern, die gemeinschaftlich geforderte Dressurlektionen reiten.

Merke
Es gibt Bahnfiguren (z. B. Volte), die nur mit bis zu 4 Reitern ordentlich zu realisieren sind.

▸ **Acht**
Eine Bahnfigur, die von oben betrachtet der Zahl 8 gleicht und zur Verbesserung bzw. Überprüfung der Längsbiegung dient (s. Seite 33).

▸ **Akustische Hilfen**
Einmalige Zurufe, Begleitung eines Bewegungsablaufes mittels Stimme.

▸ **Anlehnung**
... ist die stete, weiche, federnde Verbindung zwischen Reiterhand und Pferdemaul und elementarer Bestandteil der Skala der Ausbildung des Reit-, Fahr- & Voltigierpferdes.

▸ **Annehmende Zügelhilfe**
Bei der annehmenden Zügelhilfe wird die Faust einen kurzen Moment vermehrt geschlossen, wobei dies nur in Verbindung mit entsprechenden Zügel- und Gewichtshilfen stattfinden darf. Achtung!!! Jeder annehmenden Zügelhilfe folgt eine nachgebende.

▸ **APO**
Ausbildungs-Prüfungs-Ordnung der Deutschen Reiterlichen Vereinigung (FN) – großer roter Ringordner.

▸ **Aufgabenheft**
In diesem kleinen gelben Ringbuch stehen alle Dressuraufgaben (mit Notentabellen), die Standardparcours sowie Erläuterungen zur Ausführung einzelner Lektionen.

Aufmarschieren

Die Reiter wenden alle nacheinander – nach Kommando des Reitlehrers – von der kurzen Seite bei A Richtung der anderen kurzen Seite bei C (an dieser Seite sitzen bei Reitturnieren die Richter) ab, um dann alle an der Verbindungslinie zwischen E und B auf einer Höhe mit gleichem Zwischenraum stehen zu bleiben.

Aus dem Zirkel wechseln

Der Reiter verlässt bei X unter Richtungswechsel seinen bisher gerittenen Kreisbogen und reitet dann auf dem anderen Kreisbogen weiter (s. S. 29).

Aus der Ecke kehrt

Hierbei wird eine Kehrtvolte aus der 2. Ecke der langen Seite geritten (siehe auch S. 30).

Aussitzen

Der Reiter schwingt im Trab aus der Mittelpositur geschmeidig jeden Tritt des Pferdes mit ohne den Sattel zu verlassen.

Außengalopp

Vom Außengalopp spricht man, wenn auf der linken Hand im Rechtsgalopp geritten wird und auf der rechten Hand im Linksgalopp. Verlangt wird so etwas z.B. ab einer Dressurprüfung der Kl. L.

- B -

Bahnordnung

Sie regelt das Miteinander mehrerer Reiter auf Reitplätzen oder in Reithallen, damit jeder ohne gegenseitige Behinderung trainieren kann.

Bahnpunkte

Das sind die sichtbaren (Buchstaben an der Bande) und unsichtbaren Punkte in der Reitbahn, die den Reitern zur Orientierung und zum Reiten von Hufschlagfiguren dienen (s. Vierecke S. 5 und 6).

Bande

„Umrandung" der Reit- oder Longierhalle bzw. abgeschrägte Schutzwand entlang des Hufschlags.

Beidseitige belastende Gewichtshilfe

...ist eine gleichmäßige Belastung beider Gesäßknochen, die immer dann Anwendung findet, wenn die Hinterbeine des Pferdes besonders aktiviert werden müssen, so z.B. auch bei allen Übergängen.

Beweglichkeit

...meint die aktive & passive Dehnfähigkeit der Muskeln sowie der Gelenkigkeit.

Bewegungskonstanz

Grad, mit der eine Bewegung immer wieder neu & richtig ausgeführt wird.

Bewegungspräzision

Genauigkeit, mit der eine Bewegung ausgeführt wird.

Bewegungsvorstellung

Gedankliches Erfassen, (perfekte) Innensicht einer Bewegung.

Biegung

Die (Längs-)Biegung erfolgt über die gesamte Wirbelbrücke – genau so, wie die Linie, auf der das Pferd geht – noch mehr dazu auf S. 9!

Bügeln

...ist der Ausdruck für fehlerhafte Bewegungen mit den Vorderhufen. Dabei machen die Pferde eine kreisförmige (paddelnde) Bewegung nach außen, um dann doch wieder in die Spur zurückzutreten.

- C -

Cavaletti

...dienen als Vorbereitung zum Springen, zur Gymnastizierung von Reiter und Pferd und werden auch Bodenricks genannt.

- D -

Doppelte Schlangenlinie (a. d. langen Seite)

Bei dieser Art von Schlangenlinie wendet der Reiter 2 x an der langen Seite von dem Hufschlag ab, macht jeweils einen kleinen Bogen (Entfernung zum Hufschlag 2,5 m) und reitet wieder zum Hufschlag zurück (s. S. 31).

Dressuraufgabe

Hierbei wird eine bestimmte Anzahl von Hufschlagfiguren und Lektionen in allen 3 Grundgangarten in vorgegebener Reihenfolge (die im Aufgabenheft nachzulesen ist) geritten.

Dressursitz

Der Dressursitz ist die Basis aller Sitzformen und wird daher auch als Grundsitz bezeichnet. Wesentliche Merkmale sind die zwei Linien: Schulterblätter–Gesäß–Absatz und Unterarm–Zügel–Pferdemaul.
(Ganz genau nachzulesen in dem Ratgeber „Der richtige Sitz – die Reiterhilfen in der Praxis")

Dressurviereck

Ein Reitplatz mit entsprechenden Ausmaßen (20 x 40 m oder 20 x 60 m) und entsprechenden Boden sowie entsprechender Abgrenzung (s. S. 5 und 6).

Durch den Zirkel wechseln

Hierbei wird in dem Zirkel, auf dem geritten wird, durch Reiten eines liegenden „S" (bzw. einer Art Schlangenlinie) die Hand gewechselt ohne den Zirkel zu verlassen (s. S. 29).

Durch die ganze Bahn wechseln

Über die „längste" Diagonale in der Reitbahn, d.h. über die Linie von Wechselpunkt zu Wechselpunkt wird die Hand (Richtung) gewechselt (s. S. 16).

Durch die halbe Bahn wechseln

Diese „kurze Diagonale" / gerade Linie – über der die Reiter die Hand wechseln – führt von einem Wechselpunkt (F, M, H, K) zum gegenüberliegen-den Punkt (E o. B) Mitte der langen Seite (s. S. 16).

Durch die Länge der Bahn geritten

Bei dieser Hufschlag- oder Bahnfigur wird entlang der Mittellinie von A nach C oder umgekehrt geritten ohne die Hand zu wechseln (s. S. 16).

Durch die Länge der Bahn wechseln

Diese Hufschlagfigur beinhaltet einen Richtungswechsel, wobei auch hier entlang der Mittellinie von A nach C geritten wird (s. S. 16).

Durchhaltende Zügelhilfe

Diese Art der Zügelhilfe wird angewendet, wenn das Pferd gegen oder über dem Zügel geht – Achtung: auch wieder nur in Verbindung mit den treibenden Hilfen!

- E -

Einfacher Galoppwechsel

Unter einfachem Galoppwechsel werden die fließenden Übergänge vom Galopp zum Schritt und nach 3 bis 5 klaren Schritten der erneute Übergang vom Schritt zum Galopp bezeichnet.

Einfache Schlangenlinie (a. d. langen Seite)

Bei dieser Schlangenlinie wendet der Reiter am Wechselpunkt am Anfang der langen Seite vom Hufschlag ab und reitet in einem Bogen (Entfernung zum Hufschlag = 5 m) wieder zum Wechselpunkt am Ende der gleichen langen Seite zurück (s. S. 31).

Einseitig belastende Gewichtshilfe
Der Reiter belastet vermehrt den inneren (z.B. beim Angaloppieren) oder äußeren (z.B. beim Viereck verkleinern) Gesäßknochen.

Entlastende Gewichtshilfe
Bei dieser Art von Hilfe wird das Gewicht des Reiters vermehrt nach vorn (auf Knie und Oberschenkel) verlagert und somit der Rücken und die Hinterhand des Pferdes entlastet.

- F -

Fähigkeiten
... stellen verfestigte, jedoch verallgemeinerte, d. h. für eine ganze Reihe von Bewegungshandlungen grundlegende, Leistungsvoraussetzungen des Menschen dar.

Fertigkeiten
... beziehen sich (im Gegensatz zu Fähigkeiten) auf verfestigte, teilweise automatisierte, konkrete Bewegungshandlungen.

Fliegender Galoppwechsel
Hierbei springt das Pferd während eines Galoppsprungs zum nächsten vom Rechts- in den Linksgalopp oder umgekehrt. Die ganz leicht „schwankende" Optik vermittelt dem Betrachter – untermalt von der entsprechenden Musik – den Eindruck des tanzenden Vierbeiners.

Fußwechsel
Es wird immer auf dem inneren Hinterbein (aus Reitersicht einfacher: der äußeren Schulter) leicht getrabt – ändert der Reiter die Richtung wechselt er durch das Umsitzen (1 x mehr sitzen bleiben) den Fuß, damit er wieder auf dem richtigen Fuß trabt. Im Gelände sollte alle paar hundert Meter ein Fußwechsel/Umsitzen erfolgen, um nicht immer das gleiche Beinpaar zu belasten.

- G -

Galopp
... ist eine der 3 Grundgangarten, bei der sich das Pferd im Dreitakt bewegt. Man unterscheidet Rechts- bzw. **Linksgalopp**, je nachdem, welches seitliche Beinpaar in der Bewegung weiter vorgreift.

Ganze Bahn
... bedeutet korrektes Reiten auf dem Hufschlag mit Durchreiten der Ecken in korrekter Stellung und Biegung. (Sowohl rechter wie linker Hand.)

Geländeplatz
Ein Platz mit natürlichen Hindernissen, der in keiner Reiter- bzw. Pferdeausbildung fehlen sollte.

Geraderichtung
... bedeutet, dass Hinterhand und Vorhand aufeinander eingespurt sind, d.h. die Hinterbeine treten in Richtung der gleichseitigen Vorderbeine.

Gewichtshilfen

Sie gehören zu den vortreibenden Hilfen, bei denen beidseitig belastende, einseitig belastende und entlastende Gewichtshilfen unterschieden werden.

Gruß

Durch ihren Gruß akzeptieren die Reiter beim Turnier das Richterurteil. Er ist fester Bestandteil von Dressur- & Springprüfungen.

Grußaufstellung

Vor und nach einer Dressuraufgabe stellen sich Reiter und Pferd korrekt an gefordertem Punkt auf und grüßen die Richter. Ein Einzelreiter steht immer auf der Mittellinie (vor der Aufgabe bei X, danach bei X oder G), eine Abteilung immer mit gleichem Zwischenraum auf der Verbindungslinie zwischen E und B in Richtung C.

- H -

Halbe Bahn

Es ist ähnlich wie bei der ganzen Bahn ein korrektes Viereck zu reiten, jedoch nur bis zur Mitte der langen Seite. Die kurze Seite bei C oder A, die beiden halben langen Seiten und die Linie E-B begrenzen dieses Viereck.

Halbe Volte links – rechts

Der Reiter beginnt vom Hufschlag aus mit einer halben Volte (10 m), auf der Mittellinie reitet er eine Pferdelänge geradeaus, beendet diese Figur mit einer halben Volte (10 m) in die andere Richtung und kommt somit auf der gegenüberliegenden Seite des Ausgangspunktes auf dem Hufschlag wieder an (s. S. 30).

Handwechsel

Mit einem Handwechsel ist beim Reiten ein Richtungswechsel gemeint. Der Reiter, der auf der rechten Hand geritten ist, soll nun auf der linken Hand reiten Er wechselt „die Richtung", aber immer nur mit einer korrekten Bahnfigur. Trabt er leicht, muss er umsitzen und das Pferd muss beim Handwechsel am Wechselpunkt korrekt umgestellt werden.

Hilfsmittel

Sporen, Gerte und Stimme zählen zu den Hilfsmitteln, die die eigentlichen Hilfen unterstützen.

Hinterhandwendung

Bei dieser Übung soll das Pferd (aus dem sicheren Halten heraus) mit der Vorhand einen Halbkreis um die Hinterhand beschreiben. Der äußere Hinterfuß beschreibt ebenfalls einen Halbkreis und zwar immer um den – im Schrittrhythmus auf- und abfußenden – inneren Hinterfuß herum (s. S. 21).

Hufschlag

Die Fußspuren, die das Pferd auf dem weichen Boden der Reitbahn hinterlässt. Allgemein spricht man vom 1. Hufschlag, wenn die Pferde in der Reitbahn direkt entlang der Bande geritten werden, aber es gibt noch den 2. und 3. Hufschlag.

Dritter – Zweiter – Erster
Hufschlag

Hufschlagfiguren

So werden die in der Reitbahn und auf dem Dressurviereck gerittenen Wege genannt. Es gibt sowohl welche auf geraden Linien (siehe Kapitel 2) als auch auf gebogenen Linien (siehe Kapitel 3).

- *I* -

Innere Losgelassenheit

= Ausgeglichenheit, Coolness des Vierbeiners – nicht nur bei Prüfungen jeglicher Art von Vorteil.

Interieur

Unter Interieur versteht man das Wesen des Pferdes. Interieurmerkmale wie Temperament, Charakter, Bereitschaft zur Mitarbeit und Konzentrationsfähigkeit sind für die Leistungsfähigkeit und Leistungsbereitschaft ausschlaggebend. Aber nicht nur das sind wichtige Merkmale, ein Springpferd sollte z. B. noch Reaktionsvermögen, Springfreude und Kampfgeist zusätzlich in sich vereinigen oder ein Voltigierpferd Teamfähigkeit und Toleranz.

- *J* -

Jodhpurhose

Lange (lederbesetzte) Reithose zu der der Reiter keine Stiefel, sondern Stiefeletten trägt.

Jodhpurstiefel

Anderer Ausdruck für kurze Stiefel/Stiefeletten. Gerade im Kinder- und Jugendbereich eine (finanziell) sinnvolle Lösung.

- *K* -

Kehrtvolte

Die Kehrvolte wird im ersten Teil wie eine Volte (Kreisbogen) geritten – an dem am weitesten entfernten Punkt vom Hufschlag führt der Reiter das Pferd schräg, jedoch auf gerader Linie zum Hufschlag zurück, so dass er sich dann auf der anderen Hand befindet (s. S. 30).

Kommando

... ist die Anweisung des Reitlehrers (oder auf dem Reitturnier des Kommandogebers) an die Reiter.

Kommandogeber

... ist jemand, der auf dem Turnier aus dem Aufgabenheft die Dressuraufgaben vorliest.

Konditionelle Fähigkeiten

... werden von den physischen Leistungsfaktoren Kraft, Ausdauer & Schnelligkeit bestimmt.

Koordinative Fähigkeiten

... sind die Grundlage für eine korrekte Technik. Sie setzen sich zusammen aus Gleichgewichts-, Rhythmus-, Kopplungs-, Reaktions-, Umstellungs-, Differenzierungs- und Orientierungsfähigkeit.

Körperliche Faktoren

... wie Reifung, Entwicklung, Talent & Gesundheit spielen im Rahmen der sportlichen Leistung eine beachtenswerte Rolle.

Krafteinsatz

„Power", die zur Ausführung einer Übung gehört (bei Lernanfängern häufig überzogen oder falsch).

Kreuzgalopp

... ist eine im Dressursport unerwünschte Art des Galopps, die meist durch falsche Hilfengebung entsteht. Der Betrachter hat das Gefühl, dass das Pferd z.B. mit den Vorderbeinen links galoppiert und mit den Hinterbeinen rechts herum (oder umgekehrt). Sehr routinierte Springpferde unter unerfahrenen Reitern helfen sich bei schwierigen Bodenverhältnissen jedoch in mancher Kurve damit „aus der Patsche“.

▸ **Kurzkehrtwendung**
Diese Übung erfolgt aus dem Mittelschritt, wobei die Schrittfolge (Hilfengebung und Abfolge der Bewegung) wie bei der Hinterhandwendung ist – das Pferd jedoch weder vorher noch nachher zum Halten kommt (s. S. 23).

- L -

▸ **Lehrpferd**
... ist ein sehr gut ausgebildetes, nervenstarkes Pferd mit sehr gutem Charakter, von dem die Reitanfänger viel lernen können und das deshalb sehr viel Achtung verdient.

▸ **Leichter Sitz**
... diese Sitzform, bei der das Gewicht des Reiters vermehrt auf Oberschenkel und Knie verlagert und somit der Rücken des Pferdes entlastet wird, findet beim Springreiten und Reiten im Gelände Verwendung.

▸ **Leichttraben**
Im Gegensatz zum Aussitzen (der Reiter bleibt jeden Trabtritt sitzen) hebt der Reiter beim Leichttraben jeden zweiten Trabtritt sein Gesäß aus dem Sattel.

▸ **Linke Hand**
Reiten auf der „Linken Hand“ bedeutet, dass die linke Hand des Reiters zur Bahnmitte zeigt, der Reiter reitet gegen den „Uhrzeiger“.

▸ **Longierhalle**
Eine extra für das Longieren gebaute Halle, die ebenso wie ein Zirkel in etwa kreisrund ist und ein Maß von ca. 20 m Durchmesser hat.

▸ **Losgelassenheit**
... ist neben dem Takt wesentliches Ziel der Gewöhnungsphase. Merkmale der Losgelassenheit sind ein schwingender Rücken, eine pendelnder Schweif, natürliche, taktmäßige Bewegungen (ohne zu eilen).

▸ **LPO**
Leistungsprüfungsordnung. Durchführungsbestimmungen für Turniere seitens des nationalen Dachverbandes (FN) – großer gelber Ringordner.

- M -

▸ **Mentales Training**
Lehr- & Lernmethode, durch die Sportler ihre körperliche Leistungsfähigkeit über geistig-seelische (= mentale) Abläufe maßgeblich steuern und verbessern lernen/können.

▸ **Mittelpositur**
Zur Mittelpositur gehören Hüfte, Kreuz und Gesäß des Reiters – sozusagen das Becken, welches der Bewegung des Pferdes folgen muss. Gelingt dies, wird das als Mitschwingen in der Mittelpositur bezeichnet.

▸ **Mittelzirkel**
Ein Kreisbogen von 20 m Durchmesser, der mittig in der Bahn angelegt ist und der den unsichtbaren Bahnpunkt X als Mittelpunkt hat (s.S. 27).

▸ Motorische Fähigkeiten

Oberbegriff für Kondition, Koordination & Beweglichkeit.

- N -

▸ Nachgebende Zügelhilfe

Bei dieser Zügelhilfe wird der Reiter mit der Hand nur leicht vorgehen, d.h. er darf die Verbindung zum Pferdemaul nicht aufgeben. Nach einer annehmenden Zügelhilfe werden die Hände somit in die Grundhaltung zurückgebracht oder ohne vorheriges Annehmen gehen die Hände etwas vor.

- O -

▸ Ohren des Pferdes

Die Ohren des Pferdes sind als hervorragende Schalltrichter ausgebildet. Das Spiel der Ohren dient der Lokalisation der Schallrichtung. Achtung beim Reiten müssen die Ohren immer auf gleicher Höhe sein, ansonsten verwirft sich das Pferd im Genick.

▸ Olivenkopftrense

...sie hat D-förmige Ringe, die mit dem Gebiss durch Gelenke verbunden sind und liegt dadurch etwas ruhiger, aber auch stabiler im Maul.

▸ Optische Hilfen

...z.B. Vorzeigen durch Ausbilder, Mitreiter, Skizze oder Video – oder Markierungen mit Kegeln, Stangen oder Tonnen zur besseren Orientierung.

- P -

▸ Paraden

...sind das Zusammenspiel aller Hilfen. Man unterscheidet „Halbe Paraden", zur Einleitung von Übergängen von einer Gangart zur anderen oder auch innerhalb der Gangart und zum Aufmerksam-Machen vor einer neuen Übung oder Lektion und „Ganze Paraden", sie wird von mehreren halben Paraden vorbereitet und führt aus jeder Gangart zum Halten.

▸ Passage

...ist eine Trabbewegung in der Schwebe, d.h. das Pferd verharrt länger in der Schwebephase, hält das jeweils erhobene Beinpaar länger in der Luft als beim „normalen" traben, d.h. die Bewegung wirkt wie in der Zeitlupe – aber dennoch energisch und imposant. Barocke Pferderassen gelten als Naturtalente und Perfektionisten diesbezüglich.

▸ Pferdelänge

...beträgt ca. 2,40 m und sollte mindestens vom Vordermann Abstand gehalten werden (s. Foto S.34).

▸ Piaffe

...ähnlich wie die Passage auch eine Trabbewegung, jedoch auf der Stelle. Die Beugephase der Beine wird hier deutlich betont. Weder Vorder- noch Hinterbeine sollten dabei am Boden kleben.

▸ Pirouette

...ist eine Hinterhandwendung im Galopp – entweder als halbe Pirouette (Halbkreis) oder als ganze Pirouette (komplette Drehung um 360 Grad) ausgeführt. Der Dreitakt des Galopps muss erhalten bleiben, d.h. Vorder- und Hinterbeine müssen durchspringen.

▸ Psychische Faktoren

Sind z.B. Emotionen, Motivation, Stress oder Angst.

- Q -

▸ Quadratpferd

Das Maß/die Länge von der Brust bis zur Hinterhand ist genauso groß/lang wie das Stockmaß. (Widerristhöhe = Rumpflänge)

▸ Quadrille

Vorstellung von mehreren Pferden in kunstvollen (Hufschlag-)Figuren nach Klängen der Musik. Die Zahl der Teilnehmer muss sich immer durch vier teilen lassen.

- R -

Rechte Hand

Reiten auf der „Rechten Hand“ bedeutet, dass die rechte Hand des Reiters zur Bahnmitte zeigt, der Reiter reitet im „Uhrzeigersinn“.

Rechteckpferd

Das Maß der Rumpflänge ist größer als das Stockmaß (Widerristhöhe).

Reiterspiele

Einzel- und Mannschaftsspiele jeglicher Form, wobei Reiter und Pferd Geschicklichkeit, Schnelligkeit und Zusammengehörigkeit unter Beweis stellen. Auch in diesem Bereich kann es um Sieg und Platz gehen. Genauso attraktiv sind jedoch Spiele ohne Sieger, bei der die Bewältigung einer (Mannschafts-)Aufgabe im Vordergrund steht.

Reitlehrer

Es gibt Profi- und Amateurreitlehrer. Diese haben alle eine abgeschlossene Ausbildung mit Abschlussprüfung, wobei letztere in Trainer C, B und A – je nach Ausbildungsstand – unterteilt werden.

Rennsitz

Hierbei wird der Oberkörper so weit nach vorne genommen, dass er annähernd parallel zum Pferdehals ist. Erforderlich ist dafür ein sehr kurzer Bügel, fester Knieschluss und ein senkrechter Unterschenkel, um das Gleichgewicht im Rennbahntempo halten zu können.

Renvers

... ist ein Seitengang, bei dem das Pferd in Bewegungsrichtung gestellt ist. Das Pferd geht mit der Hinterhand (in „Außenstellung und Außenbiegung“) auf dem Hufschlag und die Vorhand ist mindestens einen halben Schritt vom Hufschlag des inneren Hinterfußes entfernt „in die Bahn gestellt“.

Rückwärtsrichten

Eine Lektion, bei der das Pferd rückwärts tritt. Die Fußfolge ist wie im Trab – also diagonal (2-Takt) eben nur nach hinten.

- S -

Schaukel

Ähnlich wie das Rückwärtsrichten, das Pferd kommt jedoch weder vorher noch nachher zum Halten. Es wird direkt von der Vorwärtsbewegung durch entsprechende Hilfengebung zum Rückwärtstreten veranlasst und daraus wieder direkt zum Vortreten.

Schenkelhilfen

Sie veranlassen die Bewegung des Pferdes in die gewünschte Richtung (vorwärts treibend, vorwärts-seitwärts treibend und verwahrend) und erhalten sie aufrecht.

Schenkeltrense

Dieses Gebiss hat seitliche Stege, die am Pferdemaul anliegen und verhindern, dass das Gebiss durch das Maul gezogen werden kann.

Es kann auch bei Pferden eingesetzt werden, die in Wendungen Probleme zeigen.

▸ Schenkelweichen

Hierbei bewegt sich das Pferd vorwärts-seitwärts auf 2 Hufschlägen – mit geringer Stellung, aber ohne Längsbiegung. Die Schenkel sind – neben dem Gewicht – „Hauptkommunikationsmittel“ mit dem vierbeinigen Sportpartner.

▸ Schlangenlinie durch die Bahn

...je nach Ausbildungsstand von Reiter und Pferd, jedoch in der Hauptsache 3 oder 4 Bögen, bei denen von der einen zur anderen langen Seite durch die Bahn geritten wird – die Mittellinie wird senkrecht gekreuzt und dabei die Richtung geändert (s. S. 32).

▸ Schlangenlinie entlang der Mittellinie

...werden ähnlich wie die einfache bzw. doppelte Schlangenlinie geritten – mit dem Unterschied dabei die Mittellinie immer wieder zu überreiten und dabei die Hand zu wechseln (s. S. 32).

▸ Schritt

...ist eine der 3 Grundgangarten mit schreitendem Bewegungsablauf im 4-Takt. Die Fußfolge ist gleichseitig, aber nicht gleichzeitig.

▸ Schulpferd

Siehe Lehrpferd. Ohne sie wäre eine korrekte Grundausbildung der Reiter kaum machbar.

▸ Schulterherein

Das Pferd ist hierbei um den inneren Schenkel ge-bogen, die Hinterhand ist auf dem Hufschlag, die Vorhand wird so weit „reingenommen“, dass inneres Hinterbein und äußeres Vorderbein auf dem gleichen Hufschlag gehen. Die inneren Füße treten vor die äußeren (s. S. 25).

▸ Schwung

...ist der energische Impuls aus der Hinterhand auf die Gesamtvorwärtsbewegung des Pferdes und wichtiger Bestandteil der Skala der Ausbildung des Pferdes.

▸ Seitwärts weisende Zügelhilfe

Sie weist dem Pferd bei Wendungen die Richtung. Diese Hilfe ist besonders bei jüngeren Pferden und beim Erlernen der Seitengänge von Nutzen.

▸ Sportliche Leistungsfähigkeit

...ist die Summe von physischen, psychischen, taktischen sowie der körperlichen Fähigkeiten und Umweltfaktoren.

▸ Springplatz

Ein Reitplatz mit Hindernissen, die zum Spring-training geeignet/benötigt werden. Teilweise auch mit festen Hindernissen versehen, immer jedoch mit einer stabilen, aber ungefährlichen Einzäunung.

▸ Stellung

Das bedeutet, dass das Pferd seinen Kopf im Genick (Gelenk zwischen Kopf & Hals) seitlich wendet. Die Längsachse des Pferdes bleibt in sich gerade (S. 8).

▸ Störanfälligkeit

...gegenüber äußeren Einflüssen bei Youngstern & Lernanfängern häufig sehr hoch. Verhält sich reziprok proportional zur Anzahl der Trainingseinheiten & Routine.

- T -

▸ Takt

...ist das räumliche und zeitliche Gleichmaß der Bewegung des Pferdes. Zu jeder Gangart gehört der entsprechende Takt: Schritt 4-Takt / Trab 2-Takt / Galopp 3-Takt.

Taktile Hilfen

... z.B. „Fühlübung" im Sattel (z.B. indem mit geschlossenen Augen über eine Stange geritten wird) oder die richtige Positionierung des Oberkörpers, eines Schenkels oder der Hände durch den Ausbilder.

Taktische Fähigkeiten

Situationsgerechtes (Wettkampf-)Verhalten basierend auf einer (trainierten) Wahrnehmungs-, Reaktions- und der aktuellen Fähigkeiten.

Tempo / Tempi

... bezeichnet innerhalb der einzelnen Gangarten die „Schnelligkeit" der Fortbewegung. Es muss jedoch darauf geachtet werden, dass es nicht zu einer eiligen Bewegungsabfolge kommt, sondern zu einer schwungvollen, fleißigen, bei der das Pferd über den Rücken kommt.

Tetenreiter

... so wird der Reiter genannt, der am Anfang einer Abteilung reitet. Dieser sollte jedoch bereits alle Hufschlagfiguren und Verhaltensregeln in der Reitbahn kennen, weil er nicht zuletzt eine Teilverantwortung für die Nachfolgenden trägt.

Trab

... eine der 3 Grundgangarten im 2-Takt, wobei das jeweilig diagonale Beinpaar zusammen fußt. Es wird dabei von (Trab-)Tritten gesprochen.

Travers

Gehört zu den Seitengängen, wobei das Pferd hierbei in die Bewegungsrichtung gebogen ist und die Vorder- und Hinterbeine kreuzen. Die Vorhand bleibt auf dem Hufschlag und die Hinterhand wird so weit in die Bahn geführt, dass sich das Pferd auf 4 Hufschlägen bewegt.

Traversale

Das Pferd bewegt sich genauso wie beim Travers, allerdings entlang einer gedachten diagonalen Linie – nahezu parallel zur langen Seite.

- U -

Übergänge

... gibt es sowohl innerhalb einer Gangart (Zulegen-Einfangen) wie auch von einer Gangart in eine andere. Das Pferd muss dabei durchlässig auf die Hilfen des Reiters reagieren und dieser darf die treibenden Hilfen (bes. beim Übergang in niedrigere Gangarten/Tempi) nicht vergessen, damit die Übergänge – wie gewünscht – fließend sind.

Überstreichen

... dabei gibt der Reiter über 2–3 Pferdelängen beide Zügelfäuste entlang des Mähnenkamms vor und nimmt sie anschließend in die richtige Haltung zurück. Diese Übung dient zur Überprüfung der Selbsthaltung, das Tempo bleibt unverändert, der Reiter treibt im Rhythmus weiter.

Umweltfaktoren

... wie z.B. Familie, Schule, Beruf oder Trainingsbedingungen beeinträchtigen ebenfalls sportliche Leistung.

- V -

Verbale Hilfen

Bewegungsanweisungen, -aufgaben & Erläuterungen seitens des Ausbilders.

Verwahrender Schenkel

Der Schenkel liegt an der gleichen Stelle, wie der vorwärts-seitwärts treibende Schenkel, ist allerdings weniger aktiv. Seine Aufgabe ist es, ein seitliches Ausweichen der Hinterhand zu verhindern und die Hinterhand als Gegenüber des vorwärts und vorwärts-seitwärts treibenden Schenkels zu begrenzen.

▸ **Verwahrende Zügelhilfe**

Der verwahrende Zügel ergänzt bei jedem Stellen oder Biegen den stellunggebenden inneren Zügel und gibt so viel nach, dass sich das Pferd im Genick stellen oder im Hals biegen kann.

Er hat aber auch die Aufgabe zu begrenzen, um zu viel Halsabstellung und ein „Ausfallen über die äußere Schulter" zu vermeiden.

▸ **Verwerfen**

Hierbei hält das Pferd den Kopf schief (die beiden Ohren stehen nicht auf gleicher Höhe), was dadurch entsteht, dass der Reiter die Stellung nicht durch den äußeren Zügel zulässt.

▸ **Viereck verkleinern & vergrößern**

Diese Lektion entspricht dem Schenkelweichen entlang zweier gedachter diagonalen Linien. Der Linienverlauf ist ähnlich wie bei der einfachen Schlangenlinie – eben nur nicht auf gebogener, sondern auf gerader Linie (s. S. 23).

▸ **Volte**

... ist ein Kreisbogen (D = 6–8m), der an beliebiger Stelle der Bahn angelegt werden kann, fordert vom Pferd die höchstmögliche Längsbiegung (s. S. 29).

▸ **Vorhandwendung**

Bei diesem Richtungswechsel wird das Pferd um 180 ° um die Vorhand gewende. (Näheres s. S. 20).

▸ **Vorwärts treibender Schenkel**

... die Lage ist so dicht hinter dem Gurt, dass bei dieser Schenkellage eindeutig die Linie Schulter–Gesäß-Absatz erkennbar ist. Anders ausgedrückt, der Schenkel liegt so, dass Vorderkante Stiefelschaft und Hinterkante Sattelgurt übereinstimmen.

▸ **Vorwärts-seitwärts treibender Schenkel**

Er veranlasst das jeweilige Hinterbein oder die diagonalen Hinter- und Vorderbeine gemeinsam vorwärts-seitwärts überzutreten.

Die Lage des Schenkels ist eine Handbreit hinter dem Gurt, wobei der Absatz tiefster Punkt bleibt.

- W -

▸ **Wechselpunkt**

Zu diesen Punkten gehören die Punkte M, F, K, H – diese sind jeweils 6 m von der kurzen Seite entfernt.

- X -

▸ **Xenophon (430–354 v. Chr.)**

Griechischer Geschichtsschreiber. Verfasste u.a. die ersten Werke über die Reiterei, die bis in die Gegenwart wirken.

- Z -

▸ **Zirkel**

Das Pferd bewegt sich auf einer Kreis-Linie, auf der eine beständige Biegung erforderlich ist (s. S. 27).

▸ **Zirkelpunkte**

Die Punkte (meist als Kreise an der Bande zu erkennen) sind 10 m von der kurzen Seite entfernt und bilden den unsichtbaren Punkt X in der Mitte der Bahn und A oder C (= Punkte Mitte der kurzen Seite) die Zirkelpunkte.

▸ **Zirkel verkleinern & vergrößern**

Eine Übung, bei der vom Pferd eine genügende Längsbiegung verlangt wird, da der Zirkel Runde für Runde kleiner (bis hin zu Voltengröße) und dann wieder nach außen größer geritten wird. Von oben betrachtet sieht die Linie aus wie eine Schnecke.

▸ **Zweiter Hufschlag**

... liegt genau eine „Pferdebreite" neben dem direkt an der Bande verlaufenden 1. Hufschlag (s. S. 38).

▸ **Zwischenraum**

... ist das Maß zwischen den Reitern, wenn sie nebeneinander reiten, z.B. beim Aufmarschieren oder bei Abteilung links/rechts um (s. S. 38).

Service

Zum Weiterlesen

Hat Euch der Ratgeber gefallen?
...dann empfehlen wir die anderen Bände dieser Reihe und...

Gast/Gast: **Kleines Hufeisen**
FN Verlag, Warendorf 2001
Gast/Gast: **Sattelfest**
FN Verlag, Warendorf 2000
Gast/Gast: **Reiten lehren lernen**
FN Verlag, Warendorf 2000
Richtlinien für Reiten & Fahren Band 1
FN Verlag, Warendorf 1999
Aufgabenheft Reiten gem LPO
FN Verlag, Warendorf 1999
Auf Du und Du mit unseren Pferden
FN Verlag, Warendorf 1995
Heipertz-Hengst: **Fit für's Pferd**
Cadmos Verlag, Lüneburg 2002
Heipertz-Hengst: **Pferde richtig trainieren**
Cadmos Verlag, Lüneburg 2002
Hölzel, Petra: **Die Reitabzeichen**
Kosmos Verlag, Stuttgart 2000
Schmid-Neuhaus: **Das Kosmos-Buch vom Reiten**
Kosmos Verlag, Stuttgart 2003
Stahlecker, Fritz: **Das motivierte Dressurpferd**
Kosmos Verlag, Stuttgart 2000

Videos

Reiten mein Sport
Dressurreiterprüfung
Beide Videos von: www.pferdia.de

Nützliche Adressen und Internettipps

Deutsche Reiterliche Vereinigung e.V. (FN)
Freiherr-von-Langen-Str. 13
D – 48231 Warendorf
Tel. 02581-63620
Fax 02582-62144
www.fn-dokr.de

TV Produktion und Video Verlag
Thomas Vogel
Hehrenwiese 8
D – 27299 Langwedel
Tel. 04232-9310-0
Fax 04232-9310-1
www.pferdia.de

www.hannoveraner.com/verband/organi.shtml
www.Landgestuetcelle.de
www.deutsches-reitpony.com
www.westfalenpferde.de
www.pferd-aktuell.de
www.Landgestuetdillenburg.de
www.gestuet-marbach.de
www.schwaiganger.bayern.de
www.mecklenburger-pferde.de
www.gestuet-neustadt-dosse.brandenburg.de
www.Landgestuet-sachsen-anhalt.de
www.Landwirtschaft.sachsen.de/gsv
www.Sachsens-Pferde.de
www.Landgestuet-redefin.de
www.Landgestuet-zweibruecken.rlp.de
www.pferdia.de
www.pferdundpony-spiele.de
www.pferde-meinsport.de

Impressum

Umschlag von eStudio Calamar unter Verwendung von zwei Farbfotos von Ulrike Gast.

Mit 58 Farbfotos von Ulrike Gast und 34 Zeichnungen von Christiane Gast.

Bibliographische Information der Deutschen Nationalbibliothek
Die Deutsche Nationalbibliothek verzeichnet diese Publikation in der Deutschen Nationalbibliografie; detaillierte bibliografische Daten sind im Internet über http://dnb.ddb.de abrufbar.

Gedruckt auf chlorfrei gebleichtem Papier

ISBN 978-3-440-09835-6
Redaktion: Katja Pauls
Gestaltungskonzept: eStudio Calamar
Produktion: Kirsten Raue / Markus Schärtlein
Printed in The Czech Republic /
Imprimé en République tchèque